F. C. G. Stieber

Christenthum und Maurerthum

oder Der Kampf der kirchlichen Reaktion gegen das religiöse Bewusstsein der Zeit

und gegen den Freimaurerbund

F. C. G. Stieber

Christenthum und Maurerthum
oder Der Kampf der kirchlichen Reaktion gegen das religiöse Bewusstsein der Zeit und gegen den Freimaurerbund

ISBN/EAN: 9783743414099

Hergestellt in Europa, USA, Kanada, Australien, Japan

Cover: Foto ©Lupo / pixelio.de

Manufactured and distributed by brebook publishing software (www.brebook.com)

F. C. G. Stieber

Christenthum und Maurerthum

Christenthum und Maurerthum.

Oder:

Der Kampf der kirchlichen Reaktion

gegen

das religiöse Bewußtsein der Zeit

und gegen

den Freimaurerbund.

Eine geschichtliche Studie.

Sondershausen, 1864.
Druck und Verlag von Br. Adolph Eupel
(in Firma: Fr. Aug. Eupel).

Vorwort.

Unter dem Titel: „Kirche und Loge" gab der Verfasser des vorliegenden Büchleins ohnlängst eine Abhandlung als Manuscript für Freimaurer heraus.

Die Zeichnung wurde, obschon sie nur in flüchtigen Umrissen entworfen war, in der Logenwelt freundlich aufgenommen und dem Verfasser von mehreren Seiten her der Wunsch ausgesprochen, daß er jene Umrisse etwas weiter ausführen und dadurch seiner Arbeit einen größern Wirkungskreis eröffnen möge.

Nicht ohne große Schüchternheit hat der Verfasser diesem brüderlichen Verlangen nachgegeben und übergiebt die neue bedeutend vermehrte Auflage unter einem neuen Titel den Bruderkreisen nur in der Hoffnung, daß dieselbe ebenfalls wieder mit nachsichtiger Freundlichkeit werde aufgenommen werden.

Wohl ist er es sich bewußt, daß das Büchlein in dem Lager, gegen welches es gerichtet ist, mit dem Anathema wird belegt werden. Doch tröstet ihn der Gedanke, daß ihm ja fast auf jedem Blatte die Aussprüche der großen Dichter und Denker unterstützend zur Seite stehen, welche als die Repräsentanten des Bewußtseins unserer Zeit angesehen werden müssen.

Auf sie und auf die geistigen Waffen, welche sie in ihren Hauptwerken darbieten, hinzuweisen, war der Hauptzweck seiner Arbeit, und er wird sich für dieselbe reichlich belohnt finden, wenn sie anregend dahin wirkt, das Selbstdenken zu fördern, um in einer freien, selbstgewonnenen Ueberzeugung einen sichern Standpunkt in den geistigen Kämpfen unserer bewegten Zeit zu gewinnen.

Der Verfasser.

Inhalt.

Einleitung. §. 1. Die Herausforderung zu dieser Schrift. — §§. 2 u. 3. Die Vernunftreligion, als Grundlage der positiven Religionen und als gleichzeitige religiöse Grundlage des Maurerthums. — §. 4. Das eigentliche Wesen des Christenthums wie des Maurerthums ist nur aus ihrer Geschichte zu erkennen. — §. 5. Allgemeine Uebersicht dieser Entwickelungsphasen. — §. 6. Die göttliche Erziehung des Menschengeschlechtes. — §§. 7. u. 8. Das Verhältniß des Maurerthums zu den religiösen Bildungskämpfen.
Seite 1—9

Erster Abschnitt.
Die vorchristliche Zeit.

I. Die heidnischen Religionen. §. 9. Allgemeines. — §§. 10 u. 11. Einige Punkte, womit sich biblische Vorstellungen oder kirchliche Lehren berühren. — §. 12. Die Theologie der Aegypter. . . . . Seite 10—14

II. Die Mysterien der Alten und die daraus hervorgegangene griechische Philosophie. §§. 13 u. 14.
Seite 14—17

III. Der Mosaismus und die Entwickelung des Judenthums. §. 15. Jehova und sein Kultus. — §. 16. Die Propheten. — §. 17. Die Entstehung des A. T. — §. 18. Die Entstehung und Entwickelung der Messiasidee. — §. 19. Veränderte Religionsansichten während und nach dem Exil. — §. 20. Die drei Sekten. — §. 21. Die messianischen Erwartungen. — § 22. Die Vorgeschichte Jesu und der Täufer Johannes. . . . . . Seite 18—26

Zweiter Abschnitt.
Das Urchristenthum.

I. Vorbemerkung über Tradition und Schrift. §. 23. Im Allgemeinen. — §. 24. Die Regula fidei. — §. 25. Die Evangelien. — §. 26. Die Apostelgeschichte. Seite 27—31

II. Der christliche Gottesbegriff und die Entstehung der ersten Kirchen. §§. 27—29. . . . Seite 31—32

III. Die Entwickelung des altchristlichen Geistes. §. 30. Die Weltfeindlichkeit. — §. 31. Die Buße und die Wiedergeburt. . . . . Seite 33—34

Dritter Abschnitt.
Das katholische Mittelalter.

I. Der Katholizismus. §§. 32 u. 33. Seine anfänglich weltfeindliche Stellung; seine Verbreitung und weitere Entwicklung. — §. 34. Das Streben nach Glaubenseinheit und die Dogmenkämpfe. — §. 35. Ihre Folgen. — §. 36. Fortschritt des christl. Geistes. . . . . Seite 35—41

II. Die mittelalterlichen Baugenossenschaften als freimaurerische Verbindungen. §§. 37 u. 38. Entstehung und Organisation der englischen Baukorporationen. — §. 39. Ihre erste Entwickelung als Masoney. — §§. 40—42. Deutsche Baubrüderschaften und ihr Einfluß auf die englische Masoney. — §. 43. Angeblicher Einfluß der Tempelritter auf dieselbe. — §. 44. Die Ableitung des Wortes Mason. — §. 45. Freimaurerische Fortbildung der engl. Masoney. . . . . Seite 41—47

Vierter Abschnitt.
Das Reformationszeitalter.

I. Der Protestantismus und das Verhältniß der Masoney zu demselben. §. 46. Das Resultat der älteren Kirche zur Zeit der Reformation. — §. 47. Einfluß der Masoney auf die Reformation und der letzteren auf jene. — §. 48. Resultat des Protestantismus. — §. 49. Seine Verläugnung. Neue Orthodoxie. — §. 50. Reaktion gegen die letztere. . . . . Seite 48—51

II. Der Pietismus des 17. Jahrhunderts und seine heutige Gestalt. §§. 51 u. 52. . . . . Seite 52—53

III. Weitere Geschichte der englischen Masonen und die Entwickelung des Freimaurerordens daraus. §. 53. Allgemeines. — §. 54 (u. §. 55). Christ. Wreen. — §§. 55 u. 56. Abweichende Ansichten über die ersten Anfänge des Freimaurerordens. — §. 57. Unbestrittenes über seine Bildung. . . . . Seite 53—58

Fünfter Abschnitt.
Das Zeitalter der Aufklärung.

I. Die Naturwissenschaften als ein Hauptfaktor der Aufklärung. §§. 58 u. 59. . . . Seite 59—60

II. Die Philosophie des 18. Jahrhunderts und ihre Berirrungen. §§. 60 u. 61. . . . Seite 61—62

III. Der Rationalismus und der Supranaturalismus. §. 62. Ihr gemeinsamer Ursprung und ihre Aehnlichkeit. — §. 63. Ihre Abweichungen und ihre Vereinigung als kirchlicher Rationalismus. — §. 64. Stimmen über den Wunderbegriff. . . . . Seite 62—66

IV. Die Freimaurerei des 18. Jahrhunderts und ihre Berirrungen. §. 65. Zur Entstehungsgeschichte des Ordens. — §. 66. Seine Prinzipien. — §. 67. Seine Berirrungen. — §. 68. Entwickelung der maur. Systeme. Seite 66—71

Sechster Abschnitt.
Unsere Zeit.

I. Die Bildungskämpfe seit Ende des vorigen Jahrhunderts. §. 69. Die Romantik. Der Umschwung des Geistes durch die poetische Literatur. — §. 70. Durch die Philosophie und §. 71. durch die Theologie. — §. 72. Ueber die Kritik der Bibel. — §. 73. Die Reaktionskämpfe. . . . . Seite 72—78

II. Die Freimaurerei unserer Zeit. §. 74. Allgemeines. — §. 75. Die verschiedenen Ansichten gegen und für das ausschließlich christliche Prinzip; Aufnahme oder Zurückweisung von Nichtchristen. — §. 76. Ueber die Aufgabe der Maurerei in unserer Zeit. — §. 77. Ueber das maurerische Geheimniß. — §. 78. Die Widersacher der Maurerei. . . . . Seite 78—88

Schluß. . . . . Seite 89—90

Einleitung.

§. 1. Die kirchliche Reaktion richtet in ihrem Kampf gegen das Bewußtsein unserer Zeit, — das mit den kirchlich überlieferten Anschauungen im Widerspruch steht, — ihre heftigsten Angriffe gegen den Freimaurerorden, den sie als den Förderer oder Verbreiter der Aufklärung betrachtet, die ihre Restaurationsträume stört. Dagegen wäre an sich nichts zu erinnern, da der Orden jede Anschauungsweise duldet, so lange sie den sittlichen Boden nicht verlassen will. Wenn aber die gegen ihn abgeschossenen Pfeile durch Verläumbungen vergiftet werden, wenn nicht nur behauptet wird, „die Freimaurerei stehe im Widerspruch mit dem Christenthum", sondern wenn dieselbe auch von hoher geistlicher Stelle „eines Attentates auf alle positiven Religionen und des Strebens nach Entchristlichung der menschlichen Gesellschaft" beschuldigt wird, ohne daß ein Beweis für eine so schwere Anklage auch nur versucht wäre, dann wird es die Pflicht eines jeden Maurers, in die Schranken zu treten, nicht sowohl mit einer Apologie seines Ordens, als vielmehr um Wahrheiten auszusprechen, die man sonst gerne verschwiegen hätte.

§. 2. Die Grundlage jeder positiven Religion, — folglich auch des Christenthums, — ist die Vernunftreligion. Diese ist aber auch die religiöse Grundlage des Maurerthums, und wenn dasselbe über die drei Sätze der Vernunftreligion: „Glaube an Gott, Verehrung desselben durch ein tugendhaftes Leben, Hoffnung auf jenseitige Vergeltung," nicht hinausgehen kann, weil jenseits derselben sofort der Streit der Religionsparteien beginnt, so erkennt es doch sehr wohl an, daß mit diesen allgemeinen Sätzen und der daraus folgenden Sittenlehre der religiöse Glaube für den Einzelnen noch nicht abgeschlossen sein müsse; aber es überläßt diesen, sowie den Religionsunterricht, der Kirche, in deren Gebiet es nie übergreift und nie Partei für oder gegen diesen oder jenen Religionsglauben nimmt. So lösen sich in der Loge alle Religionen in Eine auf: „alle Menschen Brüder, alle Gottes Kinder, die auf verschiedenen Geistesbahnen sich ihm durch Selbstveredlung und Vervollkommnung anzunähern streben." (Asträa.) (S. auch §. 45.)

§. 3. Es ergiebt sich hieraus, daß das Maurerthum nicht nur der Kirche nie feindlich entgegen tritt, sondern ihr fördernd zur Seite steht, indem es eine christliche Idee zu verwirklichen strebt, welche die durch Sektenhaß gespaltene Kirche gar nicht zu verwirklichen vermag. — Stände der Orden aber in dem Wahn der Restaurationstheologen, bestellter Inhaber der Erkenntniß zu sein, wollte er positive Lehren über das Christenthum als maurerische Geheimlehren bilden, dann würden die Logen die religiösen Empfindungen ihrer Mitglieder leicht bis zum Fanatismus erhitzen, die Maurerei würde mit sich selbst in Widerspruch kommen und eine so gefährliche Sekte werden, daß kein Staat sie dulden könnte. (Vergl. auch §. 78.)

§. 4. Was ist aber das eigentliche Wesen des Christenthums und des Maurerthums? Das sind die Fragen, die sich bei dem Streit, der sich erhoben, nothwendig in den Vordergrund drängen. Lessing sagt vom Maurerthum: „Es sei Etwas, das selbst die, die es wissen, nicht sagen können." Das scheint uns richtig, und deshalb sind die Formeln, in welche man das Wesen der Maurerei zu kleiden versucht, so verschieden und theils widersprechend. Ist es anders mit dem Christenthum? Die Orthodoxie sagt: „Christus ist gekommen, die Menschen zu erlösen, eine Theologie zu lehren 2c.; die Kunde hiervon geben die Tradition (kath.) und die Schrift, die inspirirt ist 2c.; Religion ist die Unterwerfung unter die Dogmen und Kultushandlungen der Kirche 2c." — Aber wir finden davon kein Wort in der Geschichte, die Evangelien enthalten auch keinen einzigen theologischen Satz und die orthodoxe Hypothese erklärt nicht die Thatsachen auf welche sich die verschiedenen Sekten und Konfessionen stützen, die alle in dem Wahn des alleinigen Besitzes des wahren Christenthums stehen und jeder anderen Ueberzeugung die Berechtigung absprechen. — Der s. g. Rationalismus dagegen, der von der Mitte des vor. Jahrhunderts bis etwa zum dritten Decennium des jetzigen die protest. Theologie beherrschte, sieht in dem Wesen des Christenthums nur die moralische Religion der Vernunft (§. 2), die Christus nur am feierlichsten proklamirt und durch sein Wort und Leben am vollkommensten bestätiget habe. Diese Auffassung steht nicht außerhalb der Thatsachen wie die orthodoxe, aber sie ist unbefriedigend. — Christenthum und Maurerthum sind keine durch Katechismus oder Ritual abgeschlossene Formeln, sondern lebensvolle Prinzipien, die sich unter Mitwirkung der ganzen Menschheit zeitlich entwickelt haben, indem sie, wie jede andere Entwickelungsstufe des menschlichen Geistes an die unmittelbar vorhergegangenen, also an die Religionen und Mysterien der Alten anknüpften. Auf diese müssen wir zuvor einen Blick werfen und dann auf die Phasen und Epochen, welche das Christenthum sowohl als das Maurerthum in ihren parallelen Entwickelungsgängen gehabt haben, wenn wir uns eine selbstständige Ansicht von ihrem eigentlichen und genau zusammenhängenden Wesen, sowie die Ueberzeugung verschaffen wollen, daß beide der Fortbildung eben so fähig als bedürftig sind, wonach sich dann ergeben wird, daß die Bildungskämpfe unserer Zeit eben so eine innere Nothwendigkeit sind, als es die Dogmenkämpfe des Mittelalters, die Reformation des 16. und der Kampf der Meinungen des 18. Jahrhunderts waren. Die Wahrheit will immer von Neuem erkämpft sein. Aber „nicht die Wahrheit, in deren Besitz ein Mensch zu sein meint, sondern die aufrichtige Mühe, die er angewandt hat, hinter die Wahrheit zu kommen, macht den Werth des Menschen," sagt Lessing.

§. 5. In dem ersten Abschnitte dieser Abhandlung werden wir den Blick auf die vorchristlichen Religionen und auf einige Punkte richten, in welchen sich das

Christenthum mit denselben berührt, das bekanntlich zunächst aus dem Mosaismus oder aus dem daraus entwickelten Judenthume hervorgegangen ist. — Früher schon hatten die Völker am Ganges, am Euphrat und am Tigris einige Fortschritte in der Religion gemacht, ohne jedoch von einer Grundlage seltsamer Sinnlichkeit loszukommen. — Das später auftretende, hochbegabte griechische Volk vermochte es auch noch nicht sich zu der Idee eines überweltlichen, reingeistigen Gottes zu erheben. Seine Götter waren nur die in der Welt herrschenden und waltenden Mächte, nicht Schöpfer, sondern Bilder des ewigen Weltstoffes, und über diesen Göttern stand wie eine drohende Wolke das allmächtige Schicksal. — Während aber die Volksreligionen der orientalischen und der griech.-römischen Völker alle in Vielgötterei und Aberglauben übergingen, entstanden, diesen Verirrungen gegenüber, jene geheime, unter dem Namen „Mysterien" bekannte Verbindungen, die mit dem heutigen Maurerthum zwar nicht historisch zusammenhängen, aber doch in einer geistigen Verwandtschaft stehen, durch die Gemeinschaft des Grundwesens: das Reinmenschliche in gegenseitiger Einwirkung zu entwickeln (§. 13). In den ägyptischen Mysterien entstand zuerst die Idee von der Einheit des göttlichen Wesens, die Moses hier empfangen hat und sie seinem Volke offenbarte. Aber die schroffe Nationalität des letzteren verhinderte die Entfaltung dieser Idee. (S. auch §. 14, wie die griechische Philosophie dem Christenthum vorgearbeitet hat.)

Der zweite Abschnitt dieses Schriftchens gewährt einen Blick auf die Entstehung und die erste Entwickelungsphase des Christenthums, in welcher es durch die Ideen, die in seinem Geleite sich befanden, mit sich selbst in Widerspruch kam. Aber „es blieb von ihm doch dasjenige, wodurch es die Menschheit aus der sinnlichen Religion der Griechen auf der einen Seite, der jüdischen Gesetzesreligion auf der andern, herausgehoben hat; also nach jener Seite hin der Glaube, daß es eine geistige und sittliche Macht ist, welche die Welt beherrscht, nach dieser die Einsicht, daß der Dienst dieser Macht, in den wir uns zu stellen haben, wie sie selbst, nur ein geistiger und sittlicher, ein Dienst des Herzens und der Gesinnung sein kann." (Strauß.)

Der dritte Abschnitt wird vom Katholizismus handeln, dessen Verdienst es war, die Völker in einer geistigen Gemeinschaft zu vereinigen und vor Allem die germanischen Völker durch ihre gesetzliche Zucht zur Mündigkeit zu erziehen, die besonders durch die freimaurerischen Baukorporationen des Mittelalters gefördert ward, während die Kirche, uneingedenk ihrer höheren Bestimmung, verweltlichte.

Im vierten Abschnitt spricht die Reformation die Völker mündig, aber ihr Fortgang stockte unter den schweren Kämpfen, welche der Protestantismus um seine Existenz zu bestehen hatte. Der lebendige Geist mußte immer mehr der todten Form weichen. Indessen fanden die wahren Prinzipien des Protestantismus eine Zufluchtsstätte in der, aus den Baukorporationen des Mittelalters entwickelten englischen Masonei. (§§. 53—56)

Der fünfte Abschnitt enthält eine skizzirte Geschichte des sg. Zeitalters der Aufklärung. Eine neue

Philosophie, — welcher Verirrungen sie sich auch schuldig gemacht, — und die Naturwissenschaften führten eine vollständige Auflösung der altkirchlichen Anschauungen herbei. Aus der englischen Masoney entwickelte sich der heutige Freimaurerorden, und in dem Verhältniß und in der Folgeordnung, wie er Verbreitung fand, drangen die Prinzipien der Vernunftreligion, der Humanität und der religiösen Duldsamkeit in das Leben.

Im sechsten Abschnitt sehen wir in unserer Zeit eine freiere Wissenschaft den Kampf gegen veraltete Vorstellungen und Kirchensatzungen fortsetzen, wobei die Freimaurerei als solche unbetheiligt ist, was aber den Freimaurer nicht verhindern kann „thätig einzugreifen in das Leben, für das als wahr und gut und gegen das als schlecht und falsch Erkannte muthig in die Schranken zu treten, Jeder auf seine Weise, Jeder nach seiner Ueberzeugung." (Asträa.)

§. 6. Wer Zeit und Gelegenheit hat, sich mit dem religiösen Entwickelungsgange der Menschheit näher bekannt zu machen, als es durch diese historischen Fragmente geschehen kann, „der wird in demselben Gottes erziehende Hand erkennen, die mit weiser Liebe die Menschheit von einer Stufe zur anderen geführt, der Fassungskraft jeder Zeit und jedes Volkes sich anbequemt hat und nur ihren reifsten Schülern die volle Wahrheit giebt." Mit diesem fruchtbaren, von Lessing ausgegangenen Gedanken einer göttlichen Erziehung des Menschengeschlechts ist der Gegensatz überwunden, in welchem Vernunft und Offenbarung gestellt wurden, insofern wir von dem alten theologischen Begriff der Offenbarung absehen und dagegen eine fortwährende Offenbarung Gottes an die Menschen, in welcher er sein wahres Wesen uns immer mehr zum Bewußtsein bringt, anzunehmen vermögen. (S. auch §§. 10 und 60.)

§. 7. Die großen Bildungskämpfe des 18. Jahrh., deren Einfluß selbst die katholische Kirche nicht widerstehen konnte, sind es, welche zu der neuen Weltanschauung geführt haben, die jedoch über die wesentliche Anschauung, welche Christus geschaffen hat, nicht hinaus geht. — Wenn unter den Hauptrepräsentanten des Bewußtseins unserer Zeit sich auch Freimaurer befinden, wie Lessing, Goethe, Herder u. A., so ist es doch nicht der Orden, der die kirchliche Reaktion mit Wahrheiten ärgert und die Irrthümer der Menge bekämpft, in denen sie vielleicht besser noch eine Zeitlang gelassen wird. Weshalb nun der Haß gegen den Orden?

§. 8. Der Zweck der Maurerei ist heute kein Geheimniß mehr (S. §. 77.), wie er es in früheren Jahrhunderten sein mußte (S. §. 45). In unserer Zeit, wo die Erkenntniß höherer Wahrheiten Gemeingut aller Gebildeten ist, fällt der Grund weg, den Zweck und die Prinzipien des Ordens, — Humanität, Toleranz, Tugend und Bruderliebe, — woraus seine religiöse Grundlage, wie sie §. 2 angegeben ist, sich von selbst ergiebt, zu verheimlichen.

Die Idee der Maurerei ist nicht neu, sondern so alt als die Menschheit und das, den Menschen inwohnende Bedürfniß, sich im Verwandten wieder zu finden und das gemeinsame Grundwesen: das Reinmenschliche in gegenseitiger Einwirkung zu entwickeln. Die Formen und Arten, in welchen das Bestreben, diesem Bedürfnisse zu genügen, sich in der Geschichte geäußert hat, waren von jeher verschieden und sind noch verschieden. Das Grundwesen selbst aber blieb stets unverändert.

Aber Freimaurer werden nicht minder als andere Menschen von den, durch die Beweglichkeit des menschlichen Gedankens bewirkten Strömungen der Zeit mit fortgerissen; es ist vergeblich, dagegen zu streben. Ist es denn zu verwundern, wenn verhältnißmäßig eben so viele Maurer als gebildete Nichtmaurer sich der kirchlichen Dogmatik entwachsen glauben? Hat man ein Recht, den Orden hierfür verantwortlich zu machen, während von der anderen Seite auch verhältnißmäßig eben so viele Maurer als gebildete Nichtmaurer den neuen Erkenntnissen widerstreben und unerschütterlich festhalten an den alten Satzungen?

Nicht das Maurerthum, sondern die moderne Bildung überhaupt steht in Opposition zu der kirchlichen Orthodoxie, zu welcher die Restaurationstheologen mit Verläugnung der Resultate, welche hundertjährige Bildungskämpfe errungen, uns zurück führen wollen, während die Welt nicht zu den Priestern und den offiziellen Kredo's, sondern zu Jesus Christus zurückkehren will.

Erster Abschnitt.
Die vorchristliche Zeit.

I. Die heidnischen Religionen.

§. 9. Der Ursprung der positiven Religionen ist an den Quellen des Ganges zu suchen. Von hier verbreiteten sich die empfangenen Lehren unter den verschiedenartigsten Umformungen nach den Eigenthümlichkeiten der Völker und der Zeiten und waren nur Volksreligionen. Die vielen Gottheiten waren ursprünglich theils nur astronomische Bilder und uralte indische Symbole, theils die personifizirten Aeußerungen der Natur. Alles was das Kind der wahren Natur mächtig ergreift, Alles was es nicht zu fassen vermag, wird Fetisch oder Gottheit. Priester thaten das Weitere. Die gebildeteren Griechen erhoben im grauesten Alterthume ihre Heroen und großen Männer aus Dankbarkeit oder durch die Verherrlichung der Dichter zu Halbgöttern. Die Vorstellung von Göttersöhnen blieb im Gebiet der griechisch-römischen Religion gäng und gebe. Sie bezog sich aber nicht blos auf jene Halbgötter der mythischen Vorwelt, sondern fand auch auf geschichtliche Persönlichkeiten der späteren Zeiten vielfach Anwendung. So ward Pythagoras von seinen schwärmerischen Verehrern zu einem Sohne Apollo's geweiht; von Plato ging schon bei seinen Lebzeiten die Sage, daß ihn mit seiner Mutter Periktione Apollo erzeugt habe; Alexander d. Gr. war nach einem Gerücht vom Zeus mit seiner Mutter Olympias gezeugt und Cäsar passirte vielfach für einen Sohn der Venus; Herkules und Romulus, ebenfalls nach der Sage von Göttern erzeugt aus sterblichen Frauen, fuhren, nach Vollbringung großer Thaten, im Wetter gen Himmel; u. s. w.

§. 10. So verschieden sich die heidnischen Religionen auch gestalteten, so blieben doch Aehnlichkeiten, die von ihrem gemeinsamen Ursprunge zeugen; von denen wir einige hervorheben wollen:

1) Alle stützen sich auf unmittelbare Offenbarungen Gottes durch persönlichen Verkehr desselben mit einzelnen Menschen zu gewissen Zeiten und an gewissen Punkten der Länder. Heute wissen wir freilich, daß durch die Orakel die Priester nur Gott sprechen ließen in ihrer Manier; ob es aber wirklich übernatürliche Offenbarungen, d. h. spezielle außerordentliche Eingriffe Gottes in den Weltverlauf, wodurch Wirkungen hervorgebracht sind, die aus dem Weltzusammenhang nicht gefolgt wären, gegeben hat, darüber sind die Theologen noch nicht einig. (S. auch §§. 6 und 63.)

2) An der Spitze der 30,000 Götter Indiens standen: Schiwa, der Gott der Zerstörung und des Lebens, Wischnu und Brahma, welche die sg. „Dreieinigkeit" bildeten. Bei den mehrsten anderen heidnischen Völkern finden wir ebenfalls 3 Hauptgottheiten: Isis, Osiris,

Horus bei den Aegyptern; Mithra, Orosmanes, Ahriman bei den alten Persern; Jupiter, Neptun, Pluto bei den griechisch-römischen Völkern; Thor, Odin, Freia bei den Deutschen; Perkuna, Potrinepus, Pytullus bei den alten Preußen. — Die **Dreizahl** war überhaupt schon im frühesten Alterthum geheiligt, und auch noch heute sagt das Sprüchwort: Aller guten Dinge sind drei. Die Dreizahl tritt uns überall entgegen, wo man Entwickelung des Mannichfaltigen wahrnimmt: Anfang, Mitte, Ende; Morgen, Mittag, Abend ꝛc. Auch im Raume: Länge, Breite, Höhe; bei Entwickelung unserer Gedanken: Begreifen, Urtheilen, Schließen u. s. w. — Wir wissen es nicht, ob unsere Dreieinigkeitslehre, die im 4. Jahrhundert von dem überspitzfindigen Geiste der Theologen ausgegangen ist, hiermit in Verbindung steht, aber wir wissen wohl, daß schon das Wort „Trinität" der h. Schrift unbekannt ist, wie es den ersten Kirchenvätern unbekannt war; wir wissen auch, daß viele gute Christen mit Goethe sagen: „zu glauben, daß Drei Eins sei und Eins Drei, das widerstrebt dem Wahrheitsgefühl meiner Seele, auch sehe ich nicht ein, daß mir damit auch nur im Mindesten geholfen wäre."

3) Bei allen heidn. Völkern bestand eine Dämonenlehre. Sie hat ihre Quelle in den indischen Religionen, ist aber am systematischsten in dem Parsismus ausgebildet, der sich über alle babylonischen Länder verbreitete. (S. folg. §.) Während des Exils der Juden lernten sie dieselbe kennen, und die daraus entwickelten Vorstellungen von Engeln und Teufeln wurden mit so vielen anderen bizarren jüdischen Anschauungen in das Christenthum

übertragen. Wir fragen aber mit H. Lang*): „Wo sind unter uns die Theologen, die an alle Bestandtheile des biblischen Teufelsglaubens noch glauben? die in einem Epileptischen einen vom Teufel Besessenen sehen, die aus einem Tauben oder Stummen durch Fasten und Gebet den Teufel austreiben? welche die sittlichen Kämpfe, die wir zu bestehen haben, nicht aus unserem eigenen Inneren, sondern aus den Einwirkungen der Dämonen in der Luft ableiten? Nirgends sind diese Theologen, und doch giebt man sich fortwährend den Schein, als unterwerfe man seine Vernunft in allen Stücken der Bibel und behandle sie in altprotestantischer Weise als unbedingte Glaubensnorm."

§. 11. Auch in den partikularistischen heidnischen Religionen finden wir viele Punkte, an welche die biblischen oder kirchlichen Vorstellungen anknüpfen. So berührt sich die indische Mythologie auffallend mit dem Mythus der Hebräer und auch mit mehreren kirchlichen Lehren. — Aus dem Parsismus ist die Geschichte der Schöpfung von Moses genommen: Ormuzd, der Urquell aller Vollkommenheit und Beherrscher des Lichts (das personifizirte gute Prinzip), schuf durch sein „lebendiges Wort" die Gemeinschaft der guten Geister ꝛc. und end-

---

*) Das Werk von H. Lang „ein Gang durch die christliche Welt" benutzen wir in den folgenden Abschnitten vorzugsweise für die Entwickelungsgeschichte des christl. Geistes; wenn wir bei einzelnen aus demselben oder aus anderen Schriften entlehnten Sätzen die Quelle nicht angeben, so wird dies nur unterlassen, wo jene Sätze aus dem Zusammenhang gerissen oder mit eigenen Gedanken versetzt sind, wofür jene Schriftsteller nicht verantwortlich sein können.

lich Heere menschlicher Seelen; Ahriman, die Quelle alles Uebels, Beherrscher des Reichs der Finsterniß (das personifizirte böse Prinzip), brachte die bösen Geister hervor. 3000 Jahre herrschte O. allein, worauf er die Körperwelt hervorrief, zuletzt den Menschen und feierte dann nach der Arbeit. In dem nächsten Zeitraum von 3000 Jahren (Chiliasmus) beginnt der Kampf zwischen dem Licht und der Finsterniß, dem O. und A. Beide theilen streitend die Herrschaft der Welt, bis endlich die Macht des A. erliegt, das Böse verschwindet und die Todten auferstehen. — Nach dieser Vorstellung dauert die Welt 12,000 Jahre. (Die 12 Zeichen des Thierkreises spielen dabei eine Rolle. Aehnliche Vorstellungen finden sich, wie schon in §. 9 gezeigt, häufig bei den orient. Völkern.)

§. 12. Im Vorübergehen ist der raffinirten Theologie der ägyptischen Priester noch zu gedenken. Die Religion derselben bestand in Deismus, und die Mysterien (wovon in dem folg. §.) hatten ihren Sitz in den Tempeln, wo sie das Volk, dessen Religion in Götzendienst bestand, durch ihre sinnliche Außenseite täuschten und dem Aberglauben, den die Priester zu ihrem Vortheil ausbeuteten, immerwährende Nahrung gaben. Das Volk verehrte Sonne und Mond in s. Osiris und Isis, aber auch gewisse Thiere und selbst Pflanzen. Aber viele dieser Gottheiten waren doch nützlich und ihre Verehrung wenigstens vernünftiger, als die vieler christl. Reliquien.

II. Die Mysterien der Alten und die daraus hervorgegangene griechische Philosophie.

§. 13. In Aegypten entstand, wie schon gesagt, wahrscheinlich zuerst die Idee von der Einheit des göttlichen Wesens. Da aber schon ein gewisses Maß von Kenntnissen und eine gewisse Ausbildung des Verstandes erfordert wird, diese Idee recht zu fassen und anzuwenden, da ferner der Glaube an die göttliche Einheit Verachtung der Vielgötterei, welche doch die herrschende Religion war, nothwendig mit sich bringen mußte, so würde es gefährlich gewesen sein, diese Idee öffentlich und allgemein zu verbreiten. Sodann war aber auch die ganze bürgerliche Verfassung auf diesem Aberglauben gegründet; stürzte man diesen, so stürzte man den Staat. — Man fand also für besser, die neue gefährliche Wahrheit zum Eigenthum einer kleinen geschlossenen Gesellschaft zu machen. Die Aufnahme-Ceremonien, verbunden mit den in geheimnißvollen Bildern und Hieroglyphen verborgenen Wahrheiten ꝛc. wurden zusammengenommen unter dem Namen „Mysterien" begriffen (worüber Näheres u. A. in Schillers „Sendung Moses" zu finden). — Die griech. Mysterien, — woraus die größten Philosophen hervorgegangen sind, — so wie die römischen, sind den ägyptischen nachgebildet. Den ungelehrten Mitgliedern der Mysterien wurden die religionsphilosophischen Lehren nur stufen- oder gradweise mitgetheilt, nach Maßgabe ihrer Befähigung sie zu begreifen, die aber in geschlossenen Kreisen bald eintritt, da hier verwandte Gefühle und Empfindungen sich unglaublich verstärken. — In der Folge entarteten die Mysterien und im 3. Jahrh. nach Chr. verschwinden sie und auch die Orakel.

§. 14. Der sittlichen Auflösung des Helenenvolkes und der dialektischen Beschönigung derselben durch die Sophisten stellte sich Sokrates entgegen. Er blieb bei dem Menschen stehen, der ihm in gewissem Sinne das Maß aller Dinge war; aber nicht der Mensch, sofern er seinem Belieben folgt oder der Lust nachgeht, sondern sofern er sich selbst mit Ernst zu erkennen sucht und sich durch das, was zu seiner Glückseligkeit dient, durch regelrechtes Denken zu verständigen strebt. Wer aus solchem wahren Wissen heraus handelt, wird allemal gut handeln, und dieses Guthandeln wird den Menschen allemal glücklich machen; das war der kurze Inbegriff der Moral des Sokrates. — Nach ihm hat kein Grieche für die Vorbereitung des Christenthums mehr gethan, als sein Schüler Plato. Das Wahre an den Dingen waren ihm nur die Ideen, d. h. ihre allgemeinen Begriffe, die er aber nicht als bloße Vorstellungen im menschlichen Geiste, sondern als wirkliche übersinnliche Existenzen betrachtete. Die höchste Idee ist die des Guten, diese aber von Gott selbst nicht verschieden; und wenn nun Plato die Ideen auch Götter nennt, so sieht man, wie hierin eine Ausgleichung seiner Philosophie einerseits mit dem Polytheismus seines Volkes, andererseits mit dem jüdischen Monotheismus lag, sofern die Ideen, wie dort als Untergötter oder Dämonen, so hier als Engel genommen und der obersten Idee als dem Einen Gotte untergeordnet werden konnten. Plato betrachtete nicht blos, wie Sokrates, die Tugend als das einzig richtige Mittel zur Glückseligkeit, sondern er setzt die Glückseligkeit eben in die Tugend selbst, als die rechte Beschaffenheit, Harmonie und Gesundheit der Seele, und er macht damit die Tugend, sofern sie ihren Lohn in sich selber trägt, von allen unreinen Beweggründen, auch von der Rücksicht auf gegenseitige Vergeltung, die er übrigens gleichwohl mit Nachdruck lehrt, unabhängig.

Nach der stoischen Schule ist als ein Gut einzig die Tugend, als ein Uebel die Schlechtigkeit zu betrachten. Alle anderen Dinge fallen unter die Rubrik des Gleichgültigen; Gesundheit und Krankheit, Reichthum und Armuth, ja Leben und Tod selbst sind für sich weder Güter noch Uebel. Die Verwandtschaft mit dem späteren christlichen Standpunkt und seiner Gleichgültigkeit gegen äußere Zustände ist hier nicht zu verkennen. Ferner betrachteten die Stoiker zuerst alle Menschen als Bürger eines großen Staates, ja ein Stoiker hat zuerst das große Wort gesprochen, daß alle Menschen Brüder sind, sofern sie alle Gott zum Vater haben. Was den Gottesbegriff anbelangt, so haben die Stoiker die Vermittelung der volksthümlichen Vielgötterei mit dem philosophischen Monotheismus auf dem Boden pantheistischer Weltanschauung in der Art weiter geführt, daß sie Zeus als den allgemeinen Weltgeist, das Eine Urwesen, die übrigen Götter als Theile und Erscheinungsformen desselben faßten. (Näheres über die griechische Philosophie, die auf das Maurerthum eben sowohl als auf das Christenthum so mächtig einwirkte, s. u. A. in Strauß „Leben Jesu" S. 179 ff., woraus das Obige ausgezogen ist).

III. Der Mosaismus und die Entwickelung des Judenthums.

§. 15. Unter den Völkern des Alterthums stehen die Hebräer einzig durch ihren Monotheismus. Aber der Gott ihrer Väter war den Israeliten in Aegypten abhanden gekommen, sie waren zu einem unwissenden Sklavenvolk herabgesunken und den Gott, den Moses durch die ägypt. Mysterien hatte kennen lernen, konnte er ihnen nur auf eine fabelhafte Weise verkünden, und außerdem war er genöthigt, ihm diejenigen Eigenschaften beizulegen, welche die Fassungskraft der Hebräer erforderte (s. §. 13). So entstand Jehova, der Gott der Rache und der Heerschaaren, der Israel zu seinem Volke erwählt und es gegen Alle vertheidigt. Immerhin aber war dieser Gott der Einzige, und insofern war Moses der erste, der es wagte, das geheim gehaltene Resultat der Mysterien laut zu verkündigen, während er es zugleich zur Grundlage eines Staates machte. Aber die Erkenntniß des Einen wahren Gottes ging dem Volke nicht als Ganzem, sondern nur einzelnen hervorragenden Geistern unter denselben auf, während die Masse dem Götzendienst der Nachbarvölker nachhing, was erst nach dem Exil aufhörte, wogegen dann die äußeren Cultusvorschriften um so ängstlicher befolgt, vermehrt und spitzfindig ausgesponnen wurden.

§. 16. Außer den Priestern hatte jeder nomadische Stamm noch seinen Rabbi oder Propheten, eine Art lebendiger Orakel von großem Uebergewicht. Luther sagt von ihnen: „Sie haben in Moses studirt, Jesaias hat alle seine Kunst aus dem Psalter genommen; sind daher heilige, fleißige Leut' gewest, haben göttlichen Sachen mit Ernst nachgedacht, darum hat Gott in ihrem Gewissen mit ihnen gered't, das haben sie für eine Offenbarung genommen; sie haben nicht immer auf Silber und Gold gebaut, sind auch Stoppeln und Heu untergefallen." — Uebrigens erklärten die Propheten, daß der wahre Dienst Gottes nicht in Aeußerlichkeiten, sondern in der Reinigung des Lebens und des Herzens bestehe, und sie machten die Erhebung Israels zu ächter Frömmigkeit zur unerläßlichen Bedingung der Wiederkehr besserer Zeiten. Und auch heute noch ergießt sich von den Propheten ein Strom der reinsten Begeisterung auf alle, die ihr Leben und Wirken betrachten.

§. 17. Die sg. 5 Bücher Mosis (die Thora oder der Pentateuch) haben nicht den Moses — dessen eigener Tod darin erzählt wird — zum Verfasser, sondern viel spätere, zum Theil um ein halbes Jahrtausend spätere Schriftsteller, welche die im Munde des Volks, zum Theil in älteren Volksbüchern lebenden Sagen zusammengestellt, und dieselben theils mit großer objectiver Wahrheit — so das unvergleichlich schöne erste Buch Mosis —, theils mit Einflechtung und Uebertragung älterer Sitten und Vorstellungen behandelt haben. Später gingen noch große Veränderungen mit dem Pentateuch vor, bis er endlich die feste Gestalt annahm, in welcher wir ihn heute sehen. Aehnlich verhielt es sich mit den Büchern Josua und Richter u. A., am meisten unhistorisch sind die Bücher der Chronik. — Erst im 6. Jahrh. v. Chr. wurden die Schriften des A. T. gesammelt, dessen Kanon erst 200 Jahre später geschlossen ist. — Daß diese Entstehungsgeschichte des A. T. zu Zweifeln berechtigt, daß es als eine göttliche Offenbarung anzusehen, ist nicht zu verkennen. Indessen ist es doch gewiß, daß Christus sich später für den bevollmächtigten Erklärer des Gesetzes und als den von den Propheten verheißenen Befreier verkündigte.

§. 18. Die glorreichste Epoche war für die Hebräer die Regierungszeit des Königs David gewesen, der im A. T. in dem idealen Nimbus erscheint, den die spätere Sage über sein Haupt gegossen hat. Als nun das Volk durch die assyrische Macht — zum Theil in Folge der unpolitischen Rathschläge seiner Propheten — niedergeschmettert war und letztere nun verkündeten, daß Jehova sein Volk, wenn es zur wahren Frömmigkeit zurückkehre, nicht verlassen, es vielmehr siegreich machen und ihm die Nationen unterwerfen würde, da dachte man sich eine Wiederkehr des glorreichen Davidischen Zeitalters. Später wird die Erscheinung der neuen Zeit in einem Könige personifizirt, der der Davidischen Familie selbst angehören und dessen Herrschaft kein Ende haben werde. — Wenn Renan behauptet, daß mehrere der Anspielungen auf den Messias, welche später von den Evangelisten aufgenommen sind, „so schwach und gewunden erscheinen, daß man nicht glauben könne, Alles das habe einer allgemeinen Doktrin entsprochen", so haben schon Rückert u. A. durch unbefangene Auslegung der prophetischen Weissagungen nachgewiesen, daß nicht eine einzige derselben sich auf Christus beziehe. Gewiß scheint indessen einestheils, daß Jesus, wie schon gesagt, sein Werk auf die weiter entwickelte Messiasidee gegründet hat; anderntheils, daß, wenn man die Sache etwas tiefer auffaßt, jener messianische Glaube nicht das Wesen der Lehre Jesu, sondern nur ihre historische Manifestation, ihre zufällige Form ist. (S. Scherer über Renan's Leben Jesu.)

§. 19. Nachdem Jerusalem zerstört und die Juden in die sg. babylonische Gefangenschaft geführt worden (599 v. Chr.), kamen sie mit dem Parsismus (f. §§. 10 und 11) in Berührung. Nach der Rückkehr aus dem Exil (538 v. Chr.) hatten sie daher ganz andere Glaubensvorstellungen, und namentlich gibt es jetzt bei ihnen gute und böse Dämonen, die klassifizirt wurden und eigene Namen erhielten. Hieraus haben sich später die Begriffe von Engeln und Teufeln, Himmel und Hölle gebildet, wie sie noch umlaufen. Auch die altchristl. Lehre vom 1000jähr. Reich hat im Parsismus ihre Quelle (f. §. 11). Zu den, aus dem letzteren erhaltenen Vorstellungen gesellten sich noch griechisch=ägyptische (f. §. 14), nachdem die Juden vorübergehend unter die Herrschaft Aegyptens gerathen, welches durch Alexander d. Gr. der griechischen Cultur eröffnet war.

§. 20. Es entstanden jetzt auch die drei Sekten:

1) Die Pharisäer, starre und beschränkte Judenthümler, — sind die Repräsentanten des, seit dem Exil veränderten Nationalcharakters ihres Volkes, der sich in einer sklavischen Anhänglichkeit an das mosaische Gesetz ausspricht, hinter welchem der Prophet jetzt verschwindet, während großer Fanatismus vorherrschender Zug des neuen Zeitgeistes wird.

2) Die Sabucäer blieben, als aufgeklärte Weltleute, fern von der abergläubischen Verehrung der Schrift-

buchstabens und dem blinden Kultus der Tradition; sie glaubten keine Auferstehung und läugneten die Engel und die Geister. Aber gerade deshalb, und bei ihrer vornehmen Sittenstrenge blieben sie ohne Einfluß auf das Volk, und ihre Partei konnte sich mit der pharisäischen nicht messen.

3) Die Essäer oder Essener (ein ägyptischer Zweig derselben hieß Therapeuten), standen in Lehren und Gebräuchen in so großer Verwandtschaft mit der ältesten Christenheit, daß sie von jeher zu denken gegeben hat. Eine ähnliche Gesellschaftsverfassung mit Gütergemeinschaft und gewählten Verwaltern, Verwerfung des Eides, Hochachtung der Armuth und der Ehelosigkeit, heilige Waschungen und Mahlzeiten finden sich auf beiden Seiten, freilich bei den Essäern mit starker ascetischer Färbung (statt des Weines z. B. bei ihren gemeinschaftlichen Mahlen nur Wasser 2c.). Während sich die Pharisäer die künftige Glückseligkeit als ein glänzendes Gastmahl dachten, hielten sich die Essäer an den reineren und heiligeren Verheißungen des Jeremias (XXXI. 31 ff.) u. q. — In den Essäern und Therapeuten sehen wir einen Kreis von Israeliten, die sich von der hergebrachten öffentlichen Religionsübung ihres Volkes unbefriedigt fanden, sich daher von dem nationalen Tempel und Opferdienst fern hielten, aber auch von dem verunreinigenden Verkehr mit den Menschen überhaupt sich möglichst zurückgezogen hatten. Der Zweck ihres Vereins war, die Seele von den Banden des Körpers zu lösen; dazu sollte Enthaltung vom sinnlichen Genuß, strenge Ordenszucht,

die nur Werke der Menschenliebe und Wohlthätigkeit dem freien Ermessen des Einzelnen überließ, Arbeit und gemeinsame Erbauung helfen. Uebrigens hatte die Gesellschaft verschiedene Zweige: neben den vier Stufen, die sich nach der Zeit des Eintrittes bestimmten, unterscheidet Josephus von den Essäern der strengen Observanz, die sich der Ehe enthielten, solche, die in der Ehe lebten, und Philo von den ägyptischen Therapeuten, die ein rein contemplatives (beschauliches) Leben führten, die paläſtiniſchen Eſſäer, die ſich, ihres ordensmäßigen Zuſammenlebens unbeſchadet, mit Ackerbau und Friedensgewerben beſchäftigten, mithin bei mehrerer Berührung mit dem gemeinen bürgerlichen Leben besonders geeignet waren, die religiösen Grundsätze der Gesellschaft auch über den abgeschlossenen Kreis des Ordens zu verbreiten.

Strauß, dem wir das Obige zunächst entnommen, glaubt, daß das Ordensartige in der Verfassung der Essäer, die Probejahre, die der Aufzunehmende durchzumachen hatte, die Ehrfurcht vor den Oberen, die Verpflichtung zum Stillschweigen über die Geheimnisse des Ordens ꝛc. ꝛc. auf die Neupythagoräer jener Zeit führe. Da nun der Bund der letzteren sowohl, als auch der Bund der Essäer von Einigen als die Mutter des heutigen Freimaurerweſens (jedoch ohne allen historischen Nachweis) angesehen wird, da anderntheils vielleicht der weltfeindliche Geist, der bei den ersten Christen so stark hervortritt (f. §§. 30 u. 31), aus dem Essäerbunde hervorgegangen scheint, so haben wir bei dem letztern länger verweilt.

§. 21. Die Erwartung des Messias (griech. Christus) ist jetzt indessen bei allen Sekten gleich lebendig; die Pharisäer aber commentiren die alten Weissagungen, die sich darauf beziehen, in kindischer Weise. Der Messias war nach ihren, aus dem Parsismus geschöpften Vorstellungen nun nicht mehr ein König nach Art des David; er war der „Sohn des Menschen, der in der Wolke erschien" (Daniel VII. 13.), ein übernatürliches, mit menschlicher Form bekleidetes Wesen, bestimmt, die Todten zu erwecken, die Welt zu richten und das goldene Zeitalter zu beherrschen. — Während nun der Druck der römischen Herrschaft, die vielfachen Mißhandlungen, welche die Völker in der späteren Zeit der römischen Republik, insbesondere während der Bürgerkriege, über sich hatten müssen ergehen lassen, den Menschen das diesseitige Leben verbittert hatte und die Gemüther auf das Jenseits gerichtet waren; während dann die ganze neue Bildung des römischen Reichs unter Augustus die Phantasie der Juden erhitzte und überall übertriebene Hoffnungen hervorrief, hatten die messianischen Erwartungen, besonders in der Provinz Judäa, ihren höchsten Gipfel erreicht, als das religiöse Ereigniß eintrat, welches die Welt umgestalten und eine neue Civilisation erwecken sollte.

§. 22. Die Vorgeschichte Jesu, welche die Evangelien (worüber §. 25 zu sehen) mittheilen, ist ein, von einem anderen Geschlechte, unter einem anderen Himmel und unter anderen gesellschaftlichen Verhältnissen, als die unseren, gefertigtes Gewebe von Sagen, Legenden und Mythen, dessen Fäden zu entwirren nicht unsre Aufgabe ist. Von dem Täufer Johannes aber haben wir hier eine kurze Notiz zu nehmen, da ihn das N. T. als den Vorläufer Jesu und als das Beste, was das Judenthum in seiner bisherigen Entfaltung errungen hatte, zusammenfaßt, während er auch in der Maurerei als Symbol eine Rolle spielt. — Alles deutet darauf hin, daß Johannes zum Bunde der Essäer gehörte, die in der Gegend des rothen Meeres, wo er auftrat, zahlreiche Niederlassungen hatten; auch die Wassertaufe erinnert an die heiligen Waschungen, worauf die Essäer einen so großen Werth legten. Renan sagt indessen: „Man darf jedenfalls annehmen, daß die Gebräuche des Johannes und der geistlichen jüdischen Lehrer jener Zeit einem noch neuen Einfluß des fernen Orients entstammen. Die Hauptübung, welche der Johannessekte ihren Charakter und auch den Namen gab, hat immer ihr Centrum in Chaldäa gehabt und macht dort eine Religion aus, welche bis auf unsere Tage sich erhalten hat. Diese Uebung war die Taufe oder Eintauchung des ganzen Körpers. Sie war auch die gewöhnliche Ceremonie bei der Einführung des Proselyten in den Schooß des Judenthums, eine Art Einweihung geworden. Niemals jedoch vor Johannes war ihr eine so hohe Wichtigkeit, noch diese Form gegeben." — — „Die Taufe war übrigens für Johannes nur ein äußeres Zeichen, um Eindruck, und die Gemüther auf eine große Bewegung aufmerksam zu machen. Ohne Zweifel war er in hohem Grade von messianischen Hoffnungen durchdrungen und seine Hauptthätigkeit ging nach dieser Richtung hin." — — „Obgleich der Schauplatz von Johannes Thätigkeit Judäa war, so drang sein Ruf sehr schnell nach Galliläa und gelangte bis zu Jesu, welcher durch seine ersten Reden bereits einen kleinen Zuhörerkreis erworben. Noch keines großen Ansehens genießend und mit dem Wunsche, einen Meister zu besuchen, dessen Lehren so viel Aehnlichkeit mit den seinigen hatten, verließ Jesus Gallilāa und begab sich mit seiner kleinen Schule zu Johannes. Die Neuangekommenen ließen sich taufen wie alle Anderen ꝛc." — Hier nun auch noch eine Stelle aus Strauß über Johannes: „Die Johannesjünger hatten mit den Pharisäern die Sitte häufiger Fasten gemein (Matth. IX. 14.), gegen welche Jesus, eben nur des pharisäischen Abwegs willen, der dabei nahe lag (Matth. VI. 16.), ein Bedenken hatte, und die er überdies zu den Formen eines äußerlichen Religionswesens rechnete, dem er ein Ende zu machen sich berufen wußte. Dem entsprechend hatten sich die beiden Männer selbst schon in ihrer Lebensweise zu einander verhalten: Johannes hatte eben so durch sein Nichtessen und Nichttrinken, d. h. durch die ascetische Strenge seines Wandels, wie Jesus durch das Gegentheil, jener eben so durch seine finstere Absonderung, wie dieser durch seinen heiteren Verkehr mit Menschen jeder Art, Anstoß und Nachrede erregt (Matthäi XI. 18 fg. Luc. VII. 33 fg.). Daß nun hier der Mann, dessen Gesichtskreis ein um so viel engerer war, der noch so tief in ascetischen Vorurtheilen steckte, denjenigen, der alle diese Vorurtheile abgeworfen hatte, als den Höheren, als den, zu dessen Ankündigung er selbst gekommen sei, anerkannt haben sollte, hat nicht die mindeste Wahrscheinlichkeit."

Zweiter Abschnitt.
Das Urchristenthum.

I. Vorbemerkung über Tradition und Schrift.

§. 23. Wir haben nicht die Geschichte des Lebens Jesu mit den darin verwebten wunderbaren Legenden zu erzählen; wir haben auch nicht auf die Verbindung zu zeigen, in welche diese Geschichte mit den messianischen Vorstellungen des A. T. gebracht ist; aber wir haben von den Quellen der Geschichte Jesu überhaupt zu sprechen. Diese bestehen bekanntlich aus den vier Evangelien und aus der Tradition. Die letztere wird zwar vom Protestantismus nicht anerkannt, aber vom Katholicismus auch heute noch höher gestellt als die Schrift; wo der Buchstabe derselben mit der Tradition im Widerspruch steht, entscheidet sich die Kirche für diese, weil die Apostel nicht den Auftrag hatten, das Evangelium schriftlich abzufassen, sondern es zu predigen. Die Jünger Jesu verehrten seine Worte in ihren Herzen. Sie wiederholten sich dieselben und wiederholten sie der Welt und durch die Macht dieser Worte wurden sie der Menschheit eine große Offenbarung.

§. 24. Obschon alle in den ersten zwei Jahrhunderten erschienenen christlichen Schriften nur Versuche sind, das in Christus erschienene neue Geistesleben in Worte zu fassen, oder auch nur Gelegenheitsschriften waren, die ein höheres Ansehen erst erlangten, als die Tradition sich abschwächte, auch erst im 4. Jahrh. als N. T. gesammelt wurden, dessen Kanon sogar erst im 6. Jahrh. geschlossen ist; obschon ferner, um Schüler Jesu zu werden, man kein Glaubensbekenntniß abzulegen, sondern nur Anhänglichkeit an seine Person zu zeigen, ihn zu lieben hatte, so bestand doch in den ersten vier Jahrhunderten eine Regula fidei als Gemeingut der Kirche. Sie ist sogar älter als diese, deren Schriften nicht einmal als authentischer Kommentar der Regula fidei betrachtet wurden, und was sie über diese enthalten, ist nach dem Geiste der ersten vier Jahrhunderte zur Seligkeit nicht nothwendig, kann wahr oder falsch sein, so oder so verstanden werden. (S. Lessing's theol. Streitschriften.)

§. 25. Unsere vier Evangelien beschränken sich gewissermaßen nur auf zwei:

1) Die drei ersten Evangelien (Synoptiker), über deren Entstehung so viele Hypothesen aufgekommen, haben eine so große Aehnlichkeit, daß man sie in vielem Betracht nur für Eins ansehen kann. Sie sind nicht vor dem Jahre 70 entstanden, als die erste Generation des Christenthums anfing auszusterben. Sie haben nicht die Apostel oder Apostelschüler zu Verfassern, deren Namen sie tragen, sondern sie sind das unpersönliche Werk der Tradition, Kompilationen, die von unbekannten Verfassern herrühren. (Die griechischen Ueberschriften der Evan-

gelien „von Matthäus ꝛc." können eben so wohl heißen „nach Matthäus ꝛc.") Zwischen den Worten Jesu und den ihm zugeschriebenen Thaten findet sich in den Synoptikern ein großer Unterschied. Die Worte einfach und tief, natürlich und erhaben, geeignet durch ihren volksthümlichen Charakter und ihre lebendigen Bilder sich dem Gedächtniß derjenigen einzuprägen, welche sie hörten, erscheinen durch ihre Wunderkraft als die unmittelbarste Naturbegabung. Daneben aber lassen die Evangelisten Jesus auch Dinge von sich aussagen, die, wie Strauß bemerkt, „ein Mensch von gesunden Sinnen unmöglich von sich ausgesagt haben kann." Abgesehen hiervon, gibt es wenige, Jesu in den Mund gelegte Worte, die nicht schon in ihrer Schönheit und Originalität den Beweis ihrer Aechtheit mit sich führen. Alle diese Aussprüche sind durch die Tradition unter einander geworfen, in Gruppen vertheilt, zerstreut worden; man hat daraus zusammenhängende Reden gemacht, ihren Sinn verkannt und den Zusammenhang verloren; aber am Ende sind es doch nur sehr wenige, die verfälscht worden sind. — Anders verhält es sich mit den Thaten Jesu. Die Berichte der Evangelien, denen die Bürgschaft des unmittelbaren Zeugnisses fehlt, ermangeln auch oft der Wahrscheinlichkeit, die sich aus dem Zusammenhang der Umstände ergibt. — Es gibt nur einen Moment im Leben Jesu, über den wir etwas gewisse, etwas reichlichere Nachrichten besitzen: es sind die letzten 8 Tage seines Lebens. (Vergl. Edm. Scherer „über Renan's Leben Jesu".)

2) Das 4. Evangelium ist keine Kompilation, sondern das Werk eines Schriftstellers, der offenbar seine

eigenen Gedanken seinem Helden leiht und daher ein ganz anderes Charakterbild von Christo aufstellt, als die Synoptiker. Während uns diese Jesum als ächten Volkslehrer zeigen, der den pharisäischen Aeußerlichkeitsgeist bekämpft, auf Reinheit der Gesinnung, Streben nach Gottähnlichkeit und allgemeiner Menschenliebe drang, wird — wie Strauß sagt — „im 4. Evangelium aus diesem praktischen Volkslehrer ein spitzfindiger Metaphysiker gemacht; statt um Gottesfurcht und Rechtschaffenheit drehen sich seine Reden fast ausschließlich um die höhere Würde seiner Person." Der Verfasser dieses 4. Evangeliums bezeichnet sich indirekt als den Apostel Johannes. Ist dieser wirklich der Verfasser dieses räthselhaften Buches? Wir wissen nur, daß dasselbe vor dem Jahre 150 nicht genannt wird, und daß der Apostel Johannes — der seine Gemeinde zu Ephesus nie verlassen hat und daselbst so alt geworden, daß er sich zuletzt von seinen Jüngern in die Kirche mußte tragen lassen, um seine Ansprache, die immer kurz und einfach war, zu halten — dieselbe zuletzt auf die Worte beschränkte: „Kinderchen, liebet euch!" Als er diese Worte in jeder Kollekte wiederholte und als man sah, daß der alte Mann nicht blos nur so wenig sagen konnte, sondern auch vorsätzlich nicht mehr sagen wollte, da fragten seine Jünger ihn: warum er immer das Nämliche sage? Johannes aber antwortete: „Darum, weil es der Herr befohlen. Weil das allein, das allein, wenn es geschieht, genug, hinlänglich genug ist!" Lessing, der diesen Ausspruch „das Testament Johannes" nennt, sagt: „Ehedem schwur auf dasselbe ein gewisses Salz der Erde. Jetzt schwört dieses Salz der Erde auf das Evangelium Johannes und man sagt, es sei nach dieser Abänderung etwas dumpfig geworden."

§. 26. Wir haben noch der Apostelgeschichte zu gedenken, wobei wieder die Frage hervortritt: ob die Berichte Glauben verdienen? Lessing sagt: „Schriften, deren Verfasser wir nicht kennen, werden von uns in ihrer Glaubwürdigkeit nicht bezweifelt, sobald ihr Inhalt der Art ist, daß er den Gesetzen der Vernunft, der Erfahrung und den Ergebnissen der Wissenschaft nicht widerspricht. Im entgegengesetzten Fall sprechen wir ihnen die historische Treue ab, die sie entweder mit Absicht oder in Folge von Täuschung verletzten, mag diese nun durch Mangel an Kritik oder durch Befangenheit in irrthümlichen Zeitideen bestehen." Eine Vergleichung der Berichte der Apostelgeschichte mit den Aussagen des Apostels Paulus ergiebt für die Treue der Apostelgeschichte ein sehr ungünstiges Resultat. (Man vergl. H. Lang a. a. O., S. 180 ff.)

II. Der christliche Gottesbegriff und die Entstehung der ersten Kirchen.

§. 27. Das Christenthum durchbrach die Schranken der engherzigen partikularistischen Volksreligionen, mit dem absolut neuen Gedanken, daß Gott der gemeinsame Vater aller Menschen sei, daß alle Menschen deshalb Brüder sind und sich wie Brüder verhalten sollen. (Zur Vermeidung von Wiederholungen wird hier auf das in den §§. 3 u. 5 Gesagte verwiesen und ferner auf §. 45.)

§. 28. Die neue Religion kannte keine Priester; sie war blos auf den Empfindungen des Herzens beruhend, auf dem unmittelbaren Verkehr mit Gott gegründet. Es herrschte unter den ersten Christen keine eigentliche Hierarchie. Alle mußten sich „Brüder" nennen. Jedoch scheint Jesus dem Apostel Petrus einen gewissen Vorrang gegeben zu haben. Kephas war der erste Stein der Kirche, d. h. der erste Mensch, der Jesum für Christus (den Messias) erklärt hatte (damals noch das einzige Glaubensbekenntniß). Es liegt darin eine denkwürdige Ehre, die ihm der Meister zuerkannt. Läßt sich daraus aber ein Recht der Nachfolge herleiten? Keinenfalls hat Christus einen Klerus eingesetzt.

§. 29. Der fruchtbare Gedanke von der Macht der Vereinigung der Menschen scheint von Christo ausgegangen zu sein. Er erklärt, daß, so oft sich Menschen in seinem Namen versammeln würden, er in ihrer Mitte sein werde. Er überträgt der Kirche die Macht zu binden und zu lösen (d. h. gewisse Dinge für erlaubt oder unerlaubt zu erklären) ꝛc. „Es ist aber möglich, daß viele solcher Aussprüche dem Meister in den Mund gelegt sind, um eine Basis für die Gesammtautorität zu haben, welche dieselbe später zu ersetzen bestimmt war. Jedenfalls war es erst nach seinem Tode, als man besondere Kirchen sich konstituiren sah." (Renan.)

III. Die Entwickelung des altchristlichen Geistes.

§. 30. Das Christenthum war die Religion der Versöhnung des Menschen mit Gott, oder wie H. Lang sagt: "die Religion des Mensch gewordenen Gottes und des göttlich werdenden Menschen." Aber der christliche Geist gerieth durch seine eigene Entwickelung in Widerspruch mit sich selbst. Es trat ein Dualismus ein zwischen Gott und Welt, zwischen Geist und Natur. Von dem weltfeindlichen Sinn, der im damaligen Geist der Zeit lag, worauf die stoische Philosophie (§. 14), so wie der Bund der Essäer (§. 20) nicht ohne Einfluß gewesen sein mag, — zeugt die Schrift: "Ihr sollt euch nicht Schätze sammeln auf Erden; — ihr könnt nicht Gott und der Welt dienen; — sorget nicht für eure Nahrung und Kleidung 2c.; — verkaufe was du hast und gib es den Armen 2c." Zu diesem letzteren Satz bemerkt Renan: "Die Juden waren damals schon lange von einer demokratischen Bewegung ergriffen; ihre Propheten waren Volkstribunen und sie hatten eine enge Verwandtschaft mit den Worten „reich, gottlos" einerseits, und andrerseits „arm, sanft, fromm" aufgestellt." Wenn Lukas (XIV. 26) Christus sagen läßt: "Wenn Jemand zu mir kommt und hasset nicht seinen Vater, Mutter, Weib, Kind 2c.", so wird man nicht wohl glauben können, daß dieser Ausspruch von Jesu gethan, ihn vielmehr der gewöhnlich übertriebenen Redeweise des Lukas zuschreiben müssen. Die jüdischen Lehrer, wie alle Orientalen, pflegten überhaupt aber — wie Coquerel sagt — ihre Gedanken dem

Gedächtniß ihrer Hörer mittelst der Hyperbel (Uebertreibung) einzuprägen.

§. 31. Das Urchristenthum — welches von aller dogmatischen Fessel frei, drei Jahrhunderte für die Freiheit des Gewissens gekämpft hat — betrachtet den Menschen als böse von Natur und Gott entfremdet, daher ist Buße und Wiedergeburt seine Grundforderung.

Das griechische Wort, welches wir mit „Buße" übersetzen, bedeutet aber: „ändert eure sittliche Beschaffenheit, werdet andere Menschen!" Es handelt sich also nicht um Sühne, ascetische Uebungen u. s. w., sondern um wahrhaft religiöse und sittliche Umgestaltung.

Ob die Wiedergeburt die eigene That des Menschen sein kann, oder nur die That Gottes ist, das ist eine Frage, die bis in unsere Zeit viele theologische Streitigkeiten veranlaßt hat. Es scheint uns die Ansicht, „daß die menschliche Freiheit und die göttliche Gnade Eins sind, weil der Geist im Menschen der göttliche Geist ist, der das wahre Wesen des Menschen ausmacht," die richtige zu sein. (S. auch §. 51.)

Dritter Abschnitt.
Das katholische Mittelalter.

I. Der Katholizismus.

§. 32. Der Katholizismus nahm zuerst die in den beiden vorigen §§. bezeichnete feindliche Stellung gegen die Welt ein, deren schleuniger Untergang im N. T. verkündigt wird. „Der Herr kommt bald," das ist das Losungswort des Christen und das Fundament des apostolischen Glaubens. Hatte doch selbst Paulus nicht bezweifelt, daß er die Posaunen des Gerichts noch vor seinem Tode werde erschallen hören.

Die erhabene Religion Jesu, die schon von seinen armen Jüngern mißverstanden war, erzeugte nur zu bald Mystik, Mönchsmoral und Schwärmerei. Die weltfeindliche Ascese und die altchristlichen Anschauungen von der Ehe und vom Eigenthum riefen die Mönche ins Leben, die im 3. Jahrh. zuerst in den Einöden von Thebais entstanden und die zwar Helden sein konnten, von unserer Zeit aber nur als selbstsüchtige Frömmler, die für ihre eigene Seligkeit lebten, angesehen werden. Das gebotene Bestreben, den Leib und seine Lüste zu beherrschen, führte den Kirchenvater Origenes zu der empörenden Uebertreibung, sich selbst zu entmannen, und nicht nur Einzelne, sondern eine ganze Sekte (die Valerianer) folgten diesem Beispiel religiösen Wahnwitzes. — Auch in seiner Stellung zum Staat und zur Wissenschaft zeigt sich der weltfeindliche Zug des altchristlichen Geistes: „Diese Welt steht unter dem Fürsten der Finsterniß; böse Dämonen, die in der Luft und unter der Erde ihre Wohnsitze haben, beherrschen sie und die Kinder der Welt stehen in ihrem Dienst (reiner Parsismus s. §. 11). Der Christ hat ein Mittel gegen ihren Einfluß in dem Glauben an Jesus Christus, den Fürsten jener Welt." ꝛc. Die Ansichten von der Sündhaftigkeit des Lebens, von einem leidenden Gehorsam und die ganze stoische Moral des Christenthums (§. 14), ganz besonders aber die Achtung für die Menschheit, die es gebot, verschafften demselben einen so überaus raschen Eingang in der römischen Welt, nachdem die alten heidnischen Götter längst ihr Ansehen verloren und ihre heiteren Sitze verlassen hatten.

§. 33. Die ganze Religion damaliger Zeit besteht in dem Streben, aus dieser sündhaften Welt in den Himmel zu kommen, auf dessen Herrlichkeit der mittelalterliche Geist allen Reichthum der Phantasie und Poesie verwendete. — Wunder traten an die Stelle des gewöhnlichen Geschehens, und Mährchen, vom kindischen Wunderaberglauben erzeugt, verdrängten den nüchternen Ernst der Geschichte. — Nachdem Jesus dem Vater gleich gestellt, konnte man ihn nicht mehr als den „Vermittler zwischen Gott und der Menschheit" ansehen; seine Mutter mußte jetzt diese Rolle übernehmen und so entstand der Marienkultus. (Da aber auch Maria sich immer mehr und mehr einem göttlichen Wesen nähert, so prophezeiht Coquerel, „daß auch sie als Vermittlerin in ihrem göttlichen Wesen einst verschwinden, dann aber ein neuer Kultus als Glaubensartikel dekretirt werden und die römische Kirche sich in ihm zu verjüngen hoffen wird.")

§. 34. Mit der Glaubenseinheit stand es im Mittelalter nicht besser als in unseren Tagen. Davon nur einige Beispiele:

Die im 2. Jahrh. entstandenen Montanisten nahmen eine Fortsetzung der Propheten an, und unter der Benennung Gnostiker erhoben sich verschiedene Sekten, die im 5. Jahrh. wieder erloschen.

Um die Mitte des 3. Jahrh. entstanden die Novatianer, welche die Wirksamkeit der Reue bestritten, und zu Anfang des 4. Jahrh. die Donatisten, welche gefallene Christen nicht ohne Wiedertaufe aufnahmen. Diese Schismatiker herrschten in Nordafrika, zählten i. J. 330 schon 172 Bischöfe, wurden durch fanatischen Verfolgungseifer berüchtigt und fanden ihren Untergang im 4. und 5. Jahrh. durch die das Land erobernden Muselmänner.

Die Arianer entstanden ebenfalls zu Anfang des 4. Jahrh. Sie behaupteten, Christus sei geringer als Gott. — Zu dem Arianismus bekannten sich, mit Ausnahme der Franken, die mehrsten germanischen Völker, welche im 5. und 6. Jahrh. in den römischen Provinzen die neuen Staaten errichteten. Gegen diese Ketzerei fand das Konzil zu Nicäa statt (325). Aber durch die heilige Schrift ist hier gegen dieselben nichts ausgemacht worden.

Arius und seine Philosophen blieben beharrlich. Nur zwei der letzteren wurden für die Orthodoxie gewonnen (aber wie?!). — Seit Ende des 7. Jahrh. machen die Arianer keine eigentliche Partei mehr aus.

381 fand ein Konzil gegen die Mazedonianer statt, die die Göttlichkeit des heiligen Geistes läugneten; 416 eins gegen die Pelagianer. Ein Streit über die Menschwerdung führte länger als ein Jahrhundert Unruhen in Staat und Kirche herbei und eine Hymne (Trysagium) entzündete einen Bürgerkrieg.

1096—1270 verliert Europa durch die abenteuerlichen Kreuzzüge 2 Millionen Menschen, aber man brachte von Konstantinopel einige Funken von Kunst und Wissenschaft, die im Abendlande zündeten und einiges Licht brachten.

1160 fg. schrecklicher Krieg gegen die Albigenser (im südl. Frankreich), die arianischer Lehren beschuldigt wurden. Es war dies der erste Krieg, den die Kirche gegen Ketzer führte, und der Anfang der Inquisition, die 1204 ganz in ihre furchtbare Wirksamkeit trat.

1414 Konzil zu Konstanz, wo Huß verbrannt ward.

Während die alten heidnischen Völker sich nie wegen Religionsideen verfolgt hatten, machten die Christen mehr Märtyrer unter ihren Mitchristen als alle Christenverfolgungen gemacht haben. — Würde es in unsern Tagen anders sein, wenn die Partei, welche den Freimaurerorden so leidenschaftlich verfolgt, die Macht hätte?

§. 35. Hat das Streben nach Glaubenseinheit und die Kirchenverfassung so blutige Kämpfe veranlaßt, so hat es nicht minder zu jener Priesterherrschaft geführt, von der das gestürzte Judenthum ein für die Christen so drückendes Beispiel gegeben hatte. — Der Kaiser Konstantin — der aus Klugheit den Christen Duldung im römischen Reich zugestanden (324), nachdem sie bereits zu Millionen darin angewachsen waren und nachdem der Verfall der alten Religion einen Riß in das Staatsgebäude gemacht — erhob, an Stelle des militärischen Despotismus, den geistlichen Despotismus auf den Thron. Auf der von ihm berufenen Kirchenversammlung zu Nicäa (s. vor. §.) übten die Bischöfe ihre Macht als Gesetzgeber des Glaubens, durch Aufstellung eines für alle Christen bindenden Glaubensbekenntnisses aus. Auf dieser Grundlage haben die späteren Konzile mit Hülfe der sog. Kirchenväter das Gebäude des orthodoxen Lehrbegriffs aufgeführt.

„Das Christenthum war die Religion der Versöhnung; diese aber war eine historisch gegebene, und der Mensch mußte sie als solche hinnehmen im Glauben. So war der Glaube aus dem allerinnerlichsten Akt des Gemüths ein äußeres Werk geworden, ein Fürwahrhalten der historischen Thatsachen und der auf ihrem Grund aufgeführten Glaubenslehren oder Dogmen. — Die historisch gegebene Versicherung mußte dem Menschen herangebracht, für ihn vermittelt werden; dies war die Aufgabe der Kirche, die dem Individuum gegenüber die historisch gegebene Auktorität ist, der es sich unbedingt unterwerfen muß. Damit ist die religiöse Innerlichkeit, von welcher der katholische Geist ausgegangen, in Aeußerlichkeit ausgeartet." (H. Lang.)

§. 36. Wir dürfen es aber nicht verkennen, daß in den großen Dogmenkämpfen (§. 34) sich eine innere Nothwendigkeit geltend machte und daß keineswegs hierarchische Gelüste und andere unlautere Absichten die Fäden sind, an welchen die großen Entscheidungen der Welt- und Kirchengeschichte hingen. „Aber — sagt Welcker — die theokratische Gewalt war nur so lange löblich und wohlthätig, als die unmündige, ihrer Vormundschaft bedürftige Menschheit mit freier gläubiger Hingebung sich ihr anschloß und unterordnete und in ihr einen Fortschritt zur höheren Lebensentwickelung fand."

Und dieser Fortschritt trat wirklich ein, als die Kirche, zur Vertheidigung ihrer Dogmen, zur menschlichen Vernunft ihre Zuflucht nehmen mußte, die sie als teuflisch verschrieen und unter die Gewalt des Glaubens gebeugt hatte; denn diese Dogmen waren Begriffe der Vernunft.

Als unterdessen der erwartete Untergang der Welt (§. 32) nicht erfolgte, da blieb der Kirche nur übrig, sich in dieser Welt anzusiedeln, wozu sie äußerer sichtbarer Formen brauchte. Es war der christliche Geist der freimaurerischen Bruderkorporationen des Mittelalters, der jetzt jene herrlichen Dome schaffte, in welchen — wie Lang sagt — „die christliche Idee, das mystische Sehnen, das Streben des Gemüths nach oben, die überschwengliche Phantasie sich einen so unübertrefflichen Ausdruck gegeben hat." — Entstanden auch viele Kirchen und Klöster auf blutbeflecktem Grund, zur Sühne schwerer Verbrechen, die Kirche durch ein reiches Geschenk zu versöhnen, so erblicken wir dennoch in diesen Kunstwerten das Zeichen eines weiteren Fortschrittes zur Versöhnung von Geist und Welt.

Die Theologie des Mittelalters, „jenes unermeßliche Gebäude religiöser Metaphysik", erhielt schon vor der Reformation einen Riß durch die spitzfindige Philosophie der Scholastiker, die jedoch nur gegen die Schrift und nicht gegen die kirchliche Auktorität gerichtet war, bis sich allmählich die Philosophie von der Theologie trennte.

II. Die mittelalterlichen Baugenossenschaften als freimaurerische Verbindungen.

§. 37. Vereine für Philosophie und Baukunst bestanden schon bei den Griechen. Nach ihrem Muster waren die römischen Baukollegien gebildet und über das ganze Reich verbreitet. Sie waren zugleich geheime religiöse Verbindungen und die Zuflucht fremdvölkerlicher Mysterien. In Britannien gingen sie durch die Stürme der Völkerwanderung unter, und gleiches Schicksal hatte hier die altbritische (nichtkatholische) Kirche. Die Christen derselben fanden in Wales und Schottland Zuflucht, wo ihre Geistliche — Kulderer (Colidei) genannt — ihre rein-apostolische, der morgenländischen Kirche verwandte Lehre fortsetzten (s. §. 39).

§. 38. Die inzwischen zum Christenthum übergetretenen angelsächsischen Könige ließen zum Aufbau ihrer Burgen, Kirchen und Klöster Bauleute aus Frankreich, Spanien, Italien und dem griechischen (oströmischen) Reich kommen, da in diesen Ländern sich die römischen Baukollegien noch erhalten hatten. Die eingewanderten Bauleute verbanden sich mit den einheimischen Künstlern. Diese alle waren zwar Christen und hatten zum Theil sogar Geistliche als Architekten zu Vorstehern (§§. 41, 42); aber sie bestanden aus den verschiedensten Nationalitäten und sie gehörten zu den verschiedensten, zum Theil als ketzerisch verdammten Parteien; daher konnten sie zu ihrer Uebersiedelung nach England — wo sie, bei der Großartigkeit der Bauten jener Zeit, ihr ganzes Leben zubringen sollten — nur unter dem Beding bewogen werden, daß der Pabst und der König ihnen geeignete Freiheiten und eigene Gerichtsbarkeit (wie sie schon die römischen Baukollegien besaßen) zusicherten. Der König Althestan bestätigte 926 durch seinen Bruder Erwin zu York ihre Konstitution, deren Urschrift in angelsächsischer Sprache in der Großloge zu York noch aufbewahrt wird und den heutigen Freimaurern für ihre älteste Kunsturkunde gilt.

§. 39. In diesen neuen Baukorporationen fanden außer den eigentlichen Kunstgenossen auch gelehrte und einflußreiche Nichtbaukünstler (accepted masons) Aufnahme, und so gelang es auch den oben (§. 37) genannten Kulderern, deren altbritische Kirche vom Pabste hart bedrängt war, Zuflucht in denselben zu finden, und mit den vielen Glaubensgenossen, die sie darin hatten, ihre altchristlichen und moralischen Lehren und Gebräuche lebendig aufzubewahren und sie mit den, von den römischen Baukollegien überlieferten Kunstlehren, welche zum Theil umgebildet und anders gedeutet wurden, in ein liturgisches Ganze zu verweben, wie es im Wesentlichen in dem heutigen Freimaurerorden sich erhalten hat, der (nach der jetzt wohl allgemeinen Ansicht) zunächst aus den englischen Baukorporationen hervorgegangen ist (s. §. 57).

§. 40. Nach einer zweiten, namentlich von Fallou in seinen „Mysterien der Freimaurerei" vertretenen Ansicht ist der Geist und die Organisation der englischen Baukorporationen den deutschen Baubrüderschaften eigenthümlich gewesen und durch die Wanderungen der Zunftgenossen nach England übertragen. Diese deutschen Baubrüderschaften waren zuerst geistliche (§. 41), dann weltliche (§. 42).

§. 41. **Die geistlichen deutschen Baubrüderschaften** entstanden schon um 600 durch die fleißigen Benediktiner- und um 1000 durch die Cisterziensermönche. — Als man Laienbrüder in die Klostergemeinschaft aufgenommen, wurden diese zu einer besonderen Brüderschaft vereinigt. Aus den Bauhütten derselben zogen mit jedem Frühjahr Schaaren rüstiger Bauleute nach allen Richtungen aus. — Die Benediktiner schlossen mit vielen Klöstern in Deutschland, Frankreich und England Konfraternitäten und es ist mehr als wahrscheinlich, daß in denselben eine ziemlich ausgebildete Freimaurerei im Geheimen bestand, die sich erst mit der Entartung des Klosterlebens verlor.

§. 42. **Weltliche deutsche Baubrüderschaften** gingen aus den Bauhütten der Laienbrüder hervor, worin die Steinmetzen die Mehrzahl ausmachten. Zu Ende des 12. Jahrh. traten sie schon als selbstständige und von den Klöstern unabhängige Baugesellschaften auf, während in den reich gewordenen Klöstern die Mönche sich nach und nach einem trägen, üppigen und wollüstigen Leben überließen.

Unterdessen waren die Stiftskirchen reich geworden und es begann der Bau der neuen Kathedralen. Die frommen Steinmetzen trennten sich daher von den Mönchen und zogen, anfänglich noch von einem kunsterfahrenen Klosterbruder angeführt, in die bischöflichen Residenzen. So entstanden die Steinmetzhütten zu Magdeburg, Köln, Wien, Straßburg ꝛc. Die letztere ward (1459) Haupthütte oder nach heutiger Sprache Großloge, aber die niedersächsischen Hütten beschlossen eine besondere Konföderation. (Mit der späteren Reformation kam aller Kirchenbau ins Stocken und die Steinmetzen schlossen sich der Maurerinnung an). — Zu Anfang des 13. Jahrh. kam deutsches Werk in Ruf. Aus den deutschen Bauhütten (in Italien „Loggia" = Gilde, daher „Loge") ging der sg. gothische Styl hervor, der allgemeinen Beifall fand, so daß jetzt deutsche Meister mit ganzen Zügen von Bauhandwerkern (ähnlich wie jetzt zu Eisenbahnbauten) in die verschiedenen Länder, besonders aber nach England und Schottland zogen.

§. 43. Nach einer dritten Ansicht, die auch richtig scheint, traten, nach Aufhebung des Tempelherrnordens in Frankreich (1312), die nach England entkommenen Ritter als accepted masons (§. 39) in die Baukorporationen ein und verfolgten darin die Wiederherstellung ihres Ordens, der, nach Art der ägyptischen Priester, unter dem Schein der Volksreligion im Geheimen freiere Ansichten hegte (§. 12), welche die Gründer des Ordens während der Kreuzzüge im Orient gewonnen hatten.

§. 44. Das englische Wort Mason (zu deutsch "Messer" von "messen") bezeichnete im Mittelalter Jemanden, der Steinmetz und Maurer zugleich war (§. 42); Lessing dagegen leitet es von dem angelsächsischen Worte Mase = Tisch, wonach Masoney eine geschlossene Tischgesellschaft und die älteste Masoney die Gesellschaft der runden Tafel gewesen, die gar nicht so fabelhaft als die Geschichte des Königs Arthur, die man damit verbunden hat. Besonders wären die Masoneyen der Tempelherren im 12. und 13. Jahrh. in sehr großem Rufe gewesen. Wir werden §. 54 zeigen, wie Lessing aus einer solchen Templermasoney, die sich, trotz der Aufhebung des Ordens, bis zu Ende des 17. Jahrh. in aller Stille mitten in London erhalten habe, den heutigen Freimaurerorden mittelbar hervorgehen läßt. Die Zeit, wo diese Meinung ihre Anhänger fand, scheint übrigens vorbei zu sein, und wir folgen der allgemeineren Ansicht, daß der heutige Orden aus den englischen Baukorporationen hervorgegangen ist oder doch historisch damit zusammenhängt (§§. 55—57), ohne es bezweifeln zu wollen, daß die älteren Klosterkonfraternitäten (§. 41), die deutschen weltlichen Baubrüderschaften (§. 42), die Templer (§. 43), vielleicht auch andere Ritterbündnisse (§. 56) einen Einfluß auf die freimaurerische Entwickelung der englischen Masoney geübt haben mögen, worauf ein Theil der Gebräuche und der Symbolik des heutigen Ordens hinzuweisen scheinen.

§. 45. Wichtiger aber als diese Aeußerlichkeiten ist die Thatsache: daß sich in den englischen Baukorporationen ein religiös-sittliches System bilbete, das die Lehren der griechischen Philosophen und der alten Mysterien — gleichviel auf welchem Wege sie dieselben empfangen hatten — mit den Lehren des ersten Christenthums verband. Die Ideen des letzteren sind aber von Haus aus weltbildend, die Idee der Erneuerung und Wiedergeburt aller Menschen durch den Geist (§. 31), die Idee von der Menschheit als einem lebendigen Organismus, dessen Glieder durch die Liebe zusammengehalten werden. Diese Ideen nun praktisch zu verwirklichen, war das Streben der alten Baukorporationen und ist das fortgesetzte Streben der heutigen Freimaurerei. Ist diese nun unchristlich?

Dem damaligen Zustande und dem Verfolgungseifer der offiziellen Kirche gegenüber war Verschwiegenheit der, über den düsteren Aberglauben ihres Zeitalters erhabenen, Brüder eine Nothwendigkeit. Nicht nur mußten die höheren Wahrheiten, die reineren moralischen Ideen und ihr ganzes religiöses System als das innere Geheimniß bewahrt werden, sondern auch die Geheimnisse der Baukunst mit den ihr helfenden Künsten und Wissenschaften. Von den letzteren sind es besonders die Naturwissenschaften, deren Resultate sich mit den biblischen Vorstellungen nicht vereinigen lassen, was die Kirche von Anfang an wohl erkannt hat (§§. 58 u. 59).

Eine zweite Nothwendigkeit war den Masonen die Brüderschaft, um das gute Einvernehmen und die Eintracht unter sich zu erhalten. Und diese Brüderschaft, die auch die heutigen Freimaurer verbindet, in dem Streben, die ganze Menschheit zu einem Bruverbunde zu vereinigen, ist sie nicht der christliche Grundgedanke? (§. 27.) Ist diese Idee verwirklicht, dann ist der symbolische Tempelbau der Freimaurer vollendet, eine neue und bessere Welt ist entstanden! (S. §§. 2 u. 3.)

Verträglichkeit, reine Sittenlehre, aufrichtige Frömmigkeit bei religiöser Duldung bilden das schöne Band, welches die alten Masonen umschlang, wie es die heutigen Freimaurer verbindet. Verdienen diese deshalb den Haß der Kirche?

Vierter Abschnitt.
Das Reformationszeitalter.

I. **Der Protestantismus und das Verhältniss der Masonen zu demselben.**

§. 46. Wir haben §. 36 schon gesehen, wie der alte, weltfeindliche christliche Geist in seinem Entwickelungsgange sich mit der Welt auszusöhnen beginnt. Die Verweltlichung der reich gewordenen Kirche war eine innere Nothwendigkeit der Entwickelung des christl. Geistes. Die Päbste machten die Politik zur Haupttriebfeder ihrer Handlungen. Lag darin nicht das offene Zugeständniß der Kirche, daß die bürgerlichen und weltlichen Angelegenheiten keineswegs so gleichgiltig und unberechtigt seien, wie sie der christliche Geist im Anfang betrachtet hatte? Die Mönche überließen den Himmel den Engeln und sorgten für ihre Bäuche; die Priester predigten öffentlich Wasser und tranken heimlich Wein, sie enthielten sich der Ehe und lebten im Konkubinat. War das nicht ein Zoll der Anerkennung, den man unwillkürlich, im Widerspruch mit dem ursprünglichen Prinzip, der Welt darbringen mußte? Die Natur forderte mit aller Gewalt ihre Rechte;

die Welt behauptete ihre feste, reale Existenz, und der Geist, der ihr trotzen wollte, hatte sich eben darum als das Ohnmächtige ausgewiesen, sein Leben war nur noch Schein und Heuchelei. — Das war das Resultat der älteren Kirche zur Zeit der Reformation. (Vgl. H. Lang.)

§. 47. Dem stillen Einfluß der mittelalterlichen Baugenossenschaften ist wohl zum Theil der Umschwung des Geistes zuzuschreiben, der in der Reformation seinen Ausdruck fand. (Daß aber Melanchthon Mason gewesen, folgert man wohl nur daraus, daß eine maurerische Urkunde aus seiner Zeit seine Unterschrift trägt. Aber diese sg. „kölnische Urkunde" hat die neuere Kritik als unächt erkannt). Keinenfalls läßt sich aber auf eine feindliche Stellung des heutigen Freimaurerordens gegen den Katholizismus schließen, wenn die alten Masonen, wie ihre Zeitgenossen überhaupt, gegen die Auswüchse desselben kämpften. Ihre liberalen religiösen Meinungen wurden jetzt öffentlich ausgesprochen, aber dadurch wurde auch das Band gelockert, welches die Brüder zusammenhielt.

§. 48. Wie man auch über die Reformation denkt, gewiß bleibt, daß das Christenthum mit ihr in ein neues Stadium getreten ist. Der Protestantismus riß die letzten Schranken ein, welche die katholische Frömmigkeit zwischen Gott und Welt, zwischen Geist und Natur aufgerichtet hatte. Indem er auf den ursprünglichen Gedanken des Christenthums zurückging und die Herzen von dem Joch der Menschensatzungen befreite, bewährte sich zugleich der Erfahrungssatz, daß der menschliche Geist niemals von einer Stufe seiner Entwickelung „einfach" wieder auf eine frühere zurück geht. Mit dem Protestantismus ward der Geist freier Prüfung erweckt und ein reiches Geistesleben hervorgerufen. Tief zu beklagen bleibt allerdings, daß, statt der allgemein und laut begehrten, zeitgemäßen Reform der bestehenden Kirche, eine Kirchentrennung eintrat, welche jene schrecklichen Religionskriege zur Folge hatte, die England, Frankreich und Deutschland verwüsteten.

§. 49. Sehr bald wurden indessen die wahren Prinzipien des Protestantismus von den Männern der Kirche verläugnet. Zuerst erklärten sie die (von dem Katholizismus empfangene) Bibel, deren Entstehungsgeschichte wir in den §§. 17 und 24—26 angegeben haben, für „das Wort Gottes", nahmen das, im Jahre 325 auf dem Konzil zu Nicäa (§. 35) aufgestellte Glaubensbekenntniß an und führten dann eine neue kirchliche Orthodoxie und damit einen neuen Priesterstand ein. So war abermals die sittliche freie Persönlichkeit durch die Unterwerfung unter einen gegebenen Buchstaben und dogmatische Katechismusformeln vernichtet. Hierdurch — vielleicht auch mit dem von den ägyptischen Priestern (§. 12) stammenden Grundsatz: „Alle, die da glauben, sind ewig glücklich, wenn Alles wahr ist, was sie glauben, und verlieren nichts beim Gegentheil," — kehrte man zu der katholischen Auffassung des Glaubens und zu der damit verbundenen Intoleranz und Glaubenstyrannei zurück. Weshalb nicht einfach zur katholischen Kirche? Hat doch Luther selbst gesagt: „Darum ist des Teufels und des Pabstes Reich, was das äußerliche

Regiment anbelangt, am besten für die Welt, denn hiermit will sie regiert sein, mit strengen Gesetzen und Rechten und mit Aberglauben." Unsere heutigen Neulutheraner streben ja auch bekanntlich den Katholizismus an, der im 16. Jahrh. eine neue Stütze in dem Jesuitenorden erhielt. Die Beschuldigungen, die man gegen denselben, nicht nur von protestantischer Seite gehäuft, sind bekannt. Einige davon sind begründet, viele aber sind es nicht und mögen zu einem Theil auf Rechnung der Unkenntniß des Ordens zu setzen sein, der in dieser Hinsicht gleiches Schicksal mit dem Freimaurerorden hat. Jedenfalls galt die Aufhebung des Jesuitenordens im vor. Jahrh. und die empörende Verfolgung, die seine Mitglieder in einigen romanischen Ländern dabei zu erleiden hatten, nur der politischen Macht des Ordens, aber nicht seiner Lehre, denn die Staatsmänner hatten immer den Grundsatz: „Glauben oben, Vernunft unten, erleichtert das Regieren."

§. 50. Ein Jahrhundert lang hatte die protestantische Orthodoxie den denkenden Geist und das religiöse Gefühl in Erstarrung gehalten, als in Holland, England und Frankreich ein Kampf gegen die scholastische Theologie begann, der in Deutschland merkwürdiger Weise von dem Pietismus ausging, dem wir das folgende Kapitel deshalb widmen, indem wir die anderen theologischen Zänkereien, welche die vielen protestantischen Sekten, die sich gegenseitig fanatisch verfolgten, ins Leben gerufen, als zu bekannt, übergehen können.

II. Der Pietismus des 17. Jahrhunderts und seine heutige Gestalt.

§. 51. Eine neue Behandlung der Theologie kam von Spener, dem deutschen Fenelon, her. Die von ihm eingerichteten Andachtsversammlungen, collegia pietatis genannt, in welchen auch die Laien mitsprachen, gab Veranlassung zu dem Spottnamen Pietisten, den man den Anhängern Speners gab. Letzterer trat mit seiner Schrift „pia desideria" gegen die damalige Theologie auf, welche letztere geradezu behauptete, „daß ein sittlich gutes Leben Nichts zur Seligkeit helfen könne." Jene Schrift rief eine gewaltige Bewegung hervor, aber sie veranlaßte, daß die Religion wieder aus dem Kopf ins Herz geführt wurde. Spener und seine Schule haben zuerst die ertödtende Knechtschaft der kirchlichen Bekenntnißschriften (Symbole) gebrochen, mit dem Grundsatze: daß das Christenthum sich nicht im Wissen, sondern in der Ausübung zeige, welche sich am schönsten erweise in der vom Erlöser und seinem Jünger Johannes gebotenen Liebe (s. §. 25 Ziffer 2). Dabei zeigte sich aber freilich auch an manchen, für die neue gottselige Stimmung gewonnenen Seelen geistlicher Hochmuth und Separatismus. Von Spener scheint auch der Satz ausgegangen zu sein, „daß der von Natur in Sünden todte Mensch keiner Verbesserung aus eigener Kraft fähig sei, sondern nur durch die Gnade von Oben." (S. darüber §. 31.)

Noch jetzt erinnern die Religionsgesellschaften der Herrnhuter und Methodisten an den Spenerschen

Pietismus und auch das modifizirte Christenthum der Anhänger neuer Glaubenshelden (Lavater's, Jung's u. A.) athmet denselben Geist der Frömmelei und des Schwelgens in religiösen Gefühlen, in dem sich redliche, aber schwachsinnige Freunde einer mystischen Herzensreligion zu allen Zeiten gefallen haben.

§. 52. Das mißrathene Kind der Spenerschen Doktrin ist der heutige Pietismus mit seinem äußerlich demüthigen, aber innerlich hoffährtigen, frömmelnden Verehren, mit ihrer bekannten Kotteriesprache, in welcher das dritte Wort der liebe Heiland, Ach und O und Liebe ist, und die sich selbst in Zeitungsannoncen breit macht: man sucht einen christlichen Hausknecht, eine christliche Dienstmagd u. s. w. Wir sagen nicht, daß die Pietisten Narren sind, aber Alles, was Narren macht, macht auch religiöse Schwärmer: Stolz, Liebe, Einsamkeit, mystische Bücher und unverständiges Bibellesen. Wir sagen noch weniger, daß die Pietisten Heuchler sind, aber sie werden es nur zu leicht durch die Narrheit Anderer, und stets sind noch religiösen Schwärmern Betrüger schnell gefolgt. — Hat die Freimaurerei nicht Recht, wenn sie ihren Jüngern gebietet, bei aufrichtiger Frömmigkeit sich gleich fern vom Unglauben wie vom Mystizismus zu halten?

III. Weitere Geschichte der englischen Masoney und die Entwickelung des Freimaurerordens daraus.

§. 53. Während in Deutschland die Reformationsstürme die schönsten Kunstdenkmäler in vandalischer Wuth zerstörten und die Bauhütten außer Werkthätigkeit setzten, kamen in England die eingezogenen und versteigerten Klöster ꝛc. in die Hände des reichen Adels, der sie in prachtvolle Paläste und Villen umwandelte, wodurch die Masonenbrüderschaft hier in Werkthätigkeit blieb und u. A. den St. Jamespalast erbaute.

Als nach dem Sturz der Stuarts Alles, was mit dem Cromwell'schen Regiment unzufrieden war, sich als accepted-mason bei der Masonenbrüderschaft einschreiben ließ, überstieg deren Zahl bald die der wirklichen Zunftgenossen (freemasons). Jene nahmen aber nach der Restauration der Stuarts nur geringen Antheil an den Arbeiten der Logen, die auch für die freemasons den Reiz verloren, als die Beschäftigung der Bauleute geringer geworden, bis 1666 der Brand von London allein 89 Kirchen zerstörte und die Bauleute jetzt aus allen Gegenden herbeiströmten.

§. 54. Der Architekt und Steinmetzmeister Christ. Wreen, dem nicht nur die Oberleitung des Wiederaufbaues der Stadt, sondern auch der St. Paulskirche übertragen war, stand der alten Loge bei derselben vor, die nun in neue Thätigkeit kam und von all' den neuen Logen, die nun errichtet wurden, als Großloge anerkannt ward, welchen Rang bisher nur die alte Loge von York behauptet hatte.

§. 55. Hier müssen wir auf den §. 44 zurückweisen, wonach sich in London eine Tempelherrnmasoney erhalten haben soll. Diese hatte, nach Lessing, ihr Versammlungshaus unfern der St. Paulskirche, die damals neu erbaut ward. Wreen war Mitglied dieser Masoney, die er die 30 Jahre, die der Bau dauerte, um so öfter besuchte. Das englische Volk hielt diese Masoney deshalb für ein Masonry, eine Gesellschaft von Bauverständigen. Da nun der Kirchenbau allgemein interessirte, bewarben sich sehr viele um Zutritt zu der vermeintlichen Masonry, aber vergebens.

Wreen, der ehedem den Plan zu einer Sozietät der Wissenschaften hatte entwerfen helfen, welche spekulative Wahrheiten gemeinnütziger und dem bürgerlichen Leben ersprießlicher machen sollte, kam nun auf den Gedanken eines Gegenbildes, einer Gesellschaft, welche sich von der Praxis des bürgerlichen Lebens zur Spekulation erhöbe. „Dort," dachte er, „würde untersucht, was unter dem Wahren „brauchbar; und hier, was unter dem Brauchbaren wahr „wäre. Wie, wenn ich einige Grundsätze der Masoney „exoterisch (geheim) machte? Wie, wenn ich das, was „sich nicht exoterisch machen läßt, unter die Hieroglyphen „und Symbole desselben Handwerks versteckte, und was „man jetzt unter dem Wort Masonry versteht, zu einer „Free-Masonry erweiterte, an welcher Mehrere Theil „nehmen können?" Mit der Ausführung dieses Wreenschen Gedankens ist, nach Lessing, die Freimaurerei erst ins Leben getreten.

§. 56. In einem Aufsatze Bechstein's in der „Asträa" für 18$^{31}/_{42}$, worin ein Ritterbündniß mit Vorbildern maurerischer Satzungen aus dem 14. Jahrh. mitgetheilt wird, heißt es:

„Es ist schon oft die Ansicht aufgestellt, daß die Maurerei einestheils ihren Fuß und Boden mehr in den

Ritterbündnissen des Mittelalters, als in den Handwerksbündnissen ꝛc. habe, andererseits, daß namentlich der Templerorden unbedingt in seiner Eigenschaft als Träger mancher Geheimnisse und mystischer Elemente ein Vorläufer des später mannichfach umgestalteten Maurerthums sei. In solchen allgemeinen Behauptungen ruht viel Irriges und Irrthümliches, gleichwohl möchten wir eben so wenig unbedingt der Meinung Jener huldigen, welche nur aus den mittelalterlichen Baukorporationen die Freimaurerei hervorgehen lassen. — Beweise nun vollends zu folgern über Christlichkeit oder Nichtchristlichkeit des Freimaurerordens aus seinen Anfängen, ist mißlich und unmöglich, und wird es bleiben, so lange diese Anfänge noch nicht völlig klar und verständig sind."

§. 57. Unbestritten ist indessen jetzt wohl, daß nach Wreen's Tod der Eifer für die Logen (mögen sie nun nach §. 54 oder 55 gebildet sein) erkaltet war, so daß, außer der Großloge St. Paul, nur noch wenige Töchterlogen ihre Arbeiten fortsetzten, und daß im Jahre 1716 in London nur noch 4 aktive Logen bestanden, deren Mitglieder meist nur angenommene Masonen gewesen sein sollen.

Diese (angenommenen) Masonen hielten 1717 eine Versammlung, erklärten sich zur „großen Loge von ganz England", beschlossen, sich von dem Baugewerk ganz loszusagen, und adoptirten den schon von Wreen ausgesprochenen Zweck der Brüderschaft, wonach

> die, aus der Verschiedenheit der Stände, wie der religiösen und politischen Meinungen entspringende,

der bürgerlichen Ruhe und der Eintracht so nachtheilige feindselige Stimmung möglichst zu dämpfen, die Menschen vielmehr mit einander auszusöhnen und sich deshalb lediglich über gemeinnützige und rein menschliche Angelegenheiten zu besprechen, mithin auch, wie schon früher geschehen, Männer aus allen Ständen anzunehmen.

Zugleich wurden die bisherigen Gesetze und Formen neu aufgestellt, aber in Schottland wurden die neuen Veränderungen nicht angenommen, sondern die alten Verbindungen aufrecht erhalten.

Von London aus verbreitete sich in kurzer Zeit der Freimaurerbund über den ganzen Continent, und er scheint zuerst in Frankreich und Schweden Eingang gefunden zu haben. 1721 ward Anderson mit der Entwerfung eines Constitutionsbuches beauftragt, welches 1723 von allen 20, zur Großloge von London haltenden Logen approbirt und durch den Druck veröffentlicht wurde. Damit war die Reform oder die Regeneration der früheren Brüderschaft der Masonen zum Freimaurerorden vollendet, dessen Zweck,

sittliche Veredlung des menschlichen Geschlechts,

und dessen Grundsatz,

Humanität und Toleranz, wonach allen Glaubensgenossen der Zutritt gestattet sein sollte,

wofern sie nur getreue und gute Männer wären, bei allen Freidenkenden großen Beifall fand.

Mit seiner rein menschlichen Tendenz wirkte der Orden insbesondere dem Kastengeiste und den confessionellen Streitigkeiten entgegen, er führte die Annehmlichkeiten eines veredelten Geschmacks in das gesellige Leben ein, er spornte zu einer höheren geistigen Thätigkeit an, beförderte die Beredtsamkeit und brachte in die Poesie einen neuen Schwung, denn die schönsten Volkslieder verdanken wir zumeist freimaurerischen Sängern.

Fünfter Abschnitt.
Das Zeitalter der Aufklärung.

I. Die Naturwissenschaften als ein Hauptfaktor der Aufklärung.

> So wie der Mensch sich Organe schafft, um die Natur zu befragen und den engen Raum seines flüchtigen Daseins zu überschreiten, wie er nicht mehr blos beobachtet, sondern Erscheinungen unter bestimmten Bedingungen hervorzurufen weiß, wie endlich die Philosophie der Natur ihrem alten dichterischen Gewande entzogen, den ernsten Charakter einer denkenden Betrachtung des Beobachteten unternimmt; treten klare Erkenntniß und Begrenzungen an die Stelle dumpfer Ahndungen und unvollständiger Induktionen. Die dogmatischen Ansichten der vorigen Jahrhunderte leben dann nur fort in den Vorurtheilen des Volkes und gewisser Disziplinen, die im Bewußtsein ihrer Schwäche sich gern in Dunkelheit hüllen.
>
> Humboldt im Kosmos I. S. 5.

§. 58. In England brach Baco de Verulam († 1626) die Bahn zur Naturforschung, die bald Modesache ward. — „Vor dem neuen Licht, das sie verbreitete" — sagt Macauley — „flohen die Fantome, welche ganze Jahrhunderte der Finsterniß hindurch in der Welt umgegangen waren. Bald gab es kaum mehr eine Grafschaft, wo nicht mehrere der Friedensrichter verächtlich lächelten, wenn ein altes Weib vor sie gebracht wurde, weil es auf Besenstielen geritten sei, oder dem Vieh eine

Seuche gemacht habe." — Durch die Naturforschung wurde ein neuer Geist erweckt, der eine deistische Bewegung hervorrief, gegen welche die alte Orthodoxie vergebens sich mit aller Macht erhob, nachdem jener Geist durch die Philosophie des 18. Jahrh. (§§. 60 u. 61) erstarkt war.

§. 59. Die Astronomie, die durch den Engländer Newton ihre Vollendung erhielt, trat nicht minder in den Kreis des gebildeten Publikums und zeigte demselben — wie Hermann sagt — „eine Welt ohne Wunder und Willkühr, eine Welt der Vernunft und Wahrheit, eine Welt ewiger, stillwaltender Gesetzmäßigkeit." — Hiermit war die bis dahin herrschende Meinung zerstört, daß die Erde und der Mensch darauf das Wichtigste des ganzen Weltalls sei. Es schwanden die orthodoxen Vorstellungen von Himmel und Hölle, die Nachtgespenster des früheren Aberglaubens, die Teufel, Kobolde, Hexen versanken vor dem Licht der Vernunft in den Abgrund der Finsterniß.

Die Kirche hat von Anfang an die Unvereinbarkeit der astronomischen Theorie mit den biblisch-kirchlichen Vorstellungen erkannt, und wir erinnern uns des Schicksals Galilei's; aber die Kirche läugnet heute die Bewegung der Erde nicht mehr, die jener zuerst erkannte; sie ist also, wie H. Lang bemerkt, auch nicht so unverändert geblieben, wie sie behauptet.

II. Die Philosophie des 18. Jahrhunderts und ihre Verirrungen.

§. 60. An der Spitze der geistigen Bewegung des vor. Jahrhunderts steht die Philosophie des Des-Cartes († 1650), die mit ihrem Grundsatz: „Man muß an Allem zweifeln" der alten Theologie entgegentritt. Andererseits ist dieser Satz aber auch ein wesentliches Stück des Protestantismus. — Zuerst begnügte man sich, die Widersprüche zwischen Vernunft und positiver Religion nachzuweisen, die Offenbarung aber, als etwas Unbegreifliches und Unvernünftiges, dem sich der Mensch ohne Grübeln unterwerfen müsse, stehen zu lassen (Bako, Hobbes, Bayle); — dann suchte man einen künstlichen Vertrag zwischen Vernunftreligion und Offenbarung niederzusetzen (Leibnitz, Wolff), bis Reimarus am scharfsinnigsten die Unverträglichkeit der Vernunft mit der Offenbarung nachwies, und Lessing (1774—78) theils die Unmöglichkeit einer für alle Menschen bestimmten, zur Seligkeit nothwendigen Offenbarung zeigte, theils durch eine scharfsinnige Kritik der Bibel nachwies, daß sie keine solche Offenbarung enthalte (s. Näheres, nebst Kritik dieser Philosophie in H. Lang's „Gang durch die christliche Welt").

§. 61. Im 18. Jahrh. bewährte sich der Erfahrungssatz, „daß auf jede Zeit eines überspannten Glaubens eine Periode extremen Unglaubens zu folgen pflegt." Wenn man den letzteren den Philosophen dieser Zeit, namentlich den französischen (Rousseau, Voltaire, Diderot, den Encyklopädisten ꝛc.) zuschreibt, so ist dies zum Theil richtig, da sie nicht nur die bestehenden Vorstellungen des Ueberlieferten angriffen, sondern das Christenthum als eine abgenutzte lächerliche Fabel behandelten. Atheisten aber waren sie nicht, insofern man darunter Schwärmer versteht, die da behaupten, „daß die Welt keine Ursache, oder die Ursache keinen Verstand habe." Außer solchen sind Gottesläugner — wenn es deren überhaupt gibt — jene Tartüffs, die Gott ausbeuten. Man kann aber Gott glauben, ohne Tartüff zu sein, und wie man das kann, hat gerade Rousseau gezeigt. — Die Philosophen des 18. Jahrh. wollten lieber mit der Vernunft ungläubig, als mit dem Glauben unvernünftig sein; sie haßten die Kirche ihrer Mißbräuche und der Hindernisse wegen, die sie nur zu oft dem Gedanken und dem Rechte der Seelen in den Weg legten. Sie achteten nichts mehr und boten dagegen nur wenig Positives; das Alles ist wahr; aber in ihren Negationen waren sie vollständig berechtigt, und deshalb hat ihre Zeit sie als Helden gefeiert.

III. Der Rationalismus und der Supranaturalismus.

§. 62. Durch die geistige Bewegung des 18. Jahrhunderts ward die kirchliche Orthodoxie prinzipiell vernichtet, dagegen ward von jetzt ab die protest. Theologie von dem Rationalismus und Supranaturalismus beherrscht. — H. Lang sagt: „Beide waren Zwillingsbrüder des gleichen Deismus, die sich zwar wie Geschwister pflegten, zuweilen auch heftig bekämpften, einander aber so aufs Haar ähnlich waren, daß sie am Ende

Mühe hatten, sich gegenseitig von einander zu unterscheiden."

§. 63. Der Rationalismus (Vernunftglaube) hält eine übernatürliche Offenbarung (§. 6 u. 10) mit ihren übernatürlichen Wundern (§. 64) für unnöthig, weil es sich in der Religion allein um die Moral handle; der Supranaturalismus (der Uebernatürliches noch so weit bestehen läßt, als es der Vernunft plausibel gemacht werden kann) erklärte Offenbarung, Wunder ꝛc. für möglich und zweckmäßig, weil sie unter Umständen der Religion förderlich sein könnten. — Endlich vereinigten sich die Meinungen dahin, daß man eine göttliche Offenbarung zugestand, die Frage über Mittelbarkeit oder Unmittelbarkeit derselben aber dem freien Ermessen jedes Einzelnen überlassen werden sollte. So entstand der kirchliche Rationalismus, der in dem innersten Wesen des Christenthums nichts erkennt, als moralische Vernunftreligion (§. 2), unabhängig von dem Dogmatischen und äußerlich Historischen, da, wie Lessing sagt, „zufällige Geschichtswahrheiten nie der Beweis für nothwendige Vernunftwahrheiten werden können."

Der Rationalismus hat das Bewußtsein der Christen aus den Verirrungen eines überspannten Dogmatismus zu dem rein Sittlichen und ewig Menschlichen des Christenthums zurückgeführt und der denkenden Vernunft das Recht erobert, Alles zu prüfen und vor ihren Richterstuhl zu fordern. In der Anwendung dieser beiden Grundsätze hat er freilich Fehler begangen. (Näheres s. in Lang's „Gang durch die christl. Welt" S. 110 ff.)

§. 64. Ueber die Wundererzählungen der Bibel bemerken wir, daß eine veraltete Schule des Rationalismus dieselben natürlich zu erklären suchte. So z. B. wanderte Jesus nicht auf dem Meere, sondern am Meere; der Wallfisch des Jonas war das Zeichen eines Wirthshauses, in welchem der Prophet 3 Tage logirte, u. s. w. — Von den vielen Stimmen, die sich gegen den Wunderglauben erhoben, hier nur einige:

1) Lessing: „Ob wir noch jetzt diese Wunder beweisen können, das lasse ich dahin gestellt, so wie ich es dahin gestellt sein lasse, wer die Person dieses Christus gewesen. Alles das kann damals zur Annehmung seiner Lehre wichtig gewesen sein, jetzt ist es zur Erkennung der Wahrheit dieser Lehre so wichtig nicht mehr."

2) H. Lang: „Mögen auch viele dieser Wunder nicht in dieser fleischlich-sinnlichen Weise verrichtet sein: was liegt daran?" — — „Fassen wir diese Erzählungen größtentheils als eine sinnbildliche Veranschauung des Wesens und Wirkens des christlichen Geistes, als den frei geschaffenen Ausdruck, den die christliche Gemeinde ihrem Glauben an den Erlöser gegeben hat 2c."

3) Renan: „Wunder geschehen nur in den Zeiten und den Ländern, wo man daran glaubt, und in Gegenwart von Personen, die zu diesem Glauben aufgelegt sind. Kein Wunder hat sich bis jetzt gezeigt in einer Versammlung von Menschen, welche geistig befähigt sind, den wunderbaren Charakter eines Faktums zu konstatiren." — „Nicht im Namen der oder der Philosophie, sondern auf stets sich bewährt habende Erfahrung hin verlangen wir das Wunder aus der Geschichte. Wir sagen gar

nicht: das Wunder ist „unmöglich", sondern wir sagen: „bis jetzt ist noch kein Wunder konstatirt worden"."

4) Edm. Scherer: „Renan hätte noch weiter gehen und behaupten können, daß es unmöglich ist, das Wunder unumstößlich zu beweisen. Was ist denn auch ein Wunder? Es ist eine Thatsache, deren Ursache nicht eine andere natürliche Thatsache ist, sondern ein schöpferischer, unmittelbarer Akt der Gottheit. Eben das aber entzieht sich nothwendig dem Beweise." — — „Die Dinge waren früher nicht so in entschiedener Weise getrennt. Die Unterscheidung war nur unbestimmt, schwankend, relativ. Statt zu sagen, daß Hagar eine Quelle entdeckte, erzählt das A. T., daß Gott ihr die Augen öffnete und einen Brunnen zeigte. Statt einer Pest, welche ein Heer vernichtete, lesen wir, daß der Engel Jehova's 185000 Assyrer schlägt. Das Wunder in den alten Zeiten ist nicht unser definirtes, genau bestimmtes Uebernatürliche; es ist ganz einfach das Außerordentliche, das Ungewöhnliche, das Unerwartete. Je lebendiger früher der Glaube war, desto geneigter waren die Menschen, das Gebiet des Wunderhaften zu erweitern." — — „Die Protestanten fallen in einen offenbaren Widerspruch, wenn sie die wunderbaren Erzählungen des A. und N. T. annehmen und die Berichte der gleichen Art verwerfen, von denen die Annalen der Kirche wimmeln. Diese stehen und fallen jedenfalls mit jenen."

5) Strauß: „Unter einem Wunder versteht man insgemein ein Geschehen, das, aus dem Wirken und Zusammenwirken endlicher Ursächlichkeiten unerklärlich, als unmittelbare Einwirkung Gottes selbst erscheint, zu dem

Zwecke, Gottes Wesen und Willen in der Welt zu bethätigen, insbesondere einen göttlichen Gesandten in die Welt einzuführen ꝛc. — Ein solches Geschehen nun erkennt die Geschichtsforschung nirgends an; dagegen sahen wir den religiösen Glauben überall, freilich überall nur in Bezug auf das eigene Religionsgebiet des Glaubenden diese Voraussetzung machen, so, daß zwar der Christ die Wunder der jüdischen und christlichen Urgeschichte glaublich, die der indischen, ägyptischen, griechischen Mythologie aber fabelhaft und lächerlich findet ꝛc. Stellt nun der christliche Glaube an die Wissenschaft die Forderung, ein Gleiches zu thun, und das Wunder zwar überall sonst abzulehnen, innerhalb des christlichen und insbesondere urchristlichen Kreises aber gelten zu lassen, so ist die Wissenschaft viel zu sehr auf Allgemeinheit gestellt, als daß sie solchem partikularistischen Ansinnen willfahren könnte, sondern sie wird sagen: entweder werde ich das Wunder auf allen, oder auf keinem religionsgeschichtlichen Gebiet anerkennen ꝛc."

In der Vorrede zu seinem „Leben Jesu" sagt Strauß: „Wer die Pfaffen aus der Kirche will, der muß erst das Wunder aus der Religion schaffen."

IV. Die Freimaurerei im 18. Jahrhundert und ihre Verirrungen.

§. 65. Wir sind im §. 56, der die Entstehungsgeschichte des Freimaurerordens enthält, der Zeit etwas vorausgeeilt und müssen hier auf jenen Paragraph zurückverweisen. In welchen älteren Verbindungen die heutige Freimaurerei auch ihre Wurzel haben mag, so kann damit nichts gegen ihre ächte Christlichkeit bewiesen werden, denn „Christus erschien als Hoherpriester der versöhnenden Liebe, als Prinzip der Allliebe — diese lehrte er, und das unter allerlei Volk: wer Gott fürchte und Recht thue, ihm angenehm sei." — Halten wir uns nur an die nicht bestrittene Thatsache, daß in England, nach den Kämpfen, die dieses Land in Staat und Kirche zerrissen hatten, das Verlangen nach einer Stätte hervortrat, an der die bis dahin feindlich Entzweiten neben einander verkehren könnten und daß diesem Bedürfniß im Anfang des vor. Jahrh. die Freimaurerei ihre heutige Gestaltung verdankt, wie sie §. 56 angegeben ist.

§. 66. Was die praktischen Engländer angebahnt, das führten die denkenden Deutschen weiter aus. Das Prinzip der Vernunftreligion (§. 63) drang aus den Logen in das Leben und die Idee der Humanität ward das Losungswort des 18. Jahrhunderts.

Wenn diese Idee auch vom Anbeginn im menschlichen Geiste lag — und in diesem Sinne kann man sagen, die Freimaurerei sei so alt wie die Menschheit — so bedurfte es doch der Geistesarbeit von Jahrhunderten, ja von Jahrtausenden, um sie aus den Tiefen des Geistes heraus zu arbeiten, zum klaren Bewußtsein zu bringen und in deutlichen Umrissen vor die Betrachtung hinzustellen. (Man sehe „Aſträa" 1857 „die geschichtliche Entwickelung der Humanität" von J. Wolf.)

Ihre herrlichste Wurzel hat die Humanität in demjenigen Christenthum, durch welches die Vernunft nicht gefangen genommen, sondern zu einer höheren verklärt und gesteigert wird; in demjenigen Christenthum, welches die rechte Mitte hält zwischen Indifferentismus und Zelotismus. („Asträa" 1858, S. 254.)

Die strebsamsten Geister unserer Nation wandten der Idee der Humanität sich zu, und ihre Darstellung im Leben ward seitdem als ein wesentliches Element aller wahren Bildung anerkannt. Der Bund der Freimaurer aber erkennt in der Verwirklichung gerade dieser Idee seine Hauptaufgabe, und es folgt daraus schon von selbst das maurerische Prinzip der religiösen Duldsamkeit (§. 57), das von keinem Gebildeten unsrer Tage abzuläugnen gewagt wird, mit alleiniger Ausnahme einiger kirchlichen Ultra's.

Wenn diese Ueberschwenglichen mit der Behauptung gegen das Maurerthum auftreten: „die Intoleranz liege im Grundwesen des Christenthums", so sagt Renan dagegen: „das Christenthum ist intolerant gewesen" (und wir gedenken der im §. 34 angegebenen mittelalterlichen Religionskämpfe wie der neueren mit der Pariser Bluthochzeit ꝛc.), „aber die Intoleranz ist kein wesentlich christliches Faktum; es ist ein jüdisches Faktum, d. h. das Judenthum stellte zuerst die Theorie des Absoluten in der Religion auf, daß jeder Neuerer, selbst wenn er Wunderthaten zur Unterstützung seiner Lehre beibringt, von Jedermann ohne Urtheil gesteiniget werden kann."

Lessing hat der Toleranzidee in seinem „Nathan" ein unvergängliches Denkmal gesetzt und Friedrich der Große hat sie in das bekannte Wort gefaßt: „in meinen Landen kann Jeder nach seiner Façon selig werden." Beide waren Freimaurer. Seitdem ist diese Idee in allen Ländern, wo sich Logen befanden — aber auch nur in solchen — in das Bewußtsein des Volkes gedrungen.

§. 67. Indessen gerieth die Freimaurerei, eben so wie die Philosophie des 18. Jahrh. (§. 61) auf Abwege durch Beimischung klerikalisch-hierarchischer Verfälschungen (der Jesuiten u. A., die nach Aufhebung ihres Ordens im Jahre 1773 in die Logen eindrangen, um sie zu eigenen Ordenszwecken zu mißbrauchen); durch tempelritterliche Spielereien; durch kabbalistische, alchymistische und theosophische Träumereien, die eine Krankheit der Zeit waren. Allein ihr gesunder und edler Kern blieb unbeschädigt; der Orden kam bald von seinen jugendlichen Verirrungen zurück, mit dem jetzigen Jahrhundert trat er in eine neue Aera und seitdem hat sich die Maurerei immer schöner entfaltet.

§. 68. Als eine Folge jener maurerischen Verirrungen sind die verschiedenen freimaurerischen Systeme in Deutschland entstanden, auf welche wir in der folgenden historischen Notiz einen Blick werfen wollen, unter Benutzung eines Aufsatzes in der „Asträa" für 1850, S. 83 ff.

1737 entstand die erste Loge in Deutschland zu Hamburg, durch welche 1738 Friedrich der Große zu Braunschweig Maurer ward, der 1739 die Loge „la premiere" in Rheinsberg gründete und 1744 die, auf seinen Befehl (1740) errichtete Loge „zu den drei Weltkugeln" als große königl. Mutterloge anerkannte, die mit London in Verbindung trat. Von hier und von Berlin aus bildeten sich nun eine Menge Logen in Deutschland.

Das System der strikten Observanz — das früher templerische Zwecke verfolgte — ward gegen die Mitte des vor. Jahrh. von dem Baron Hund in der Lausitz gegründet und brachte mehr Ordnung in die Verfassung. Die „drei Weltkugeln" traten dem System 1766 bei, schieden aber 1783 wieder aus demselben.

Das sog. schwedische System (unabhängig von London, in Stockholm zuerst eingeführt, und durch den Einfluß Schwedenborgs mystische Tendenzen verfolgend) ward 1769 durch Zinnendorf in eine Berliner Loge getragen und es ist daraus 1770 die „große Landesloge von Deutschland" entstanden.

Durch Schröder, als Großmeister der engl. Provinzialloge in Hamburg, und durch Feßler in Berlin begann gegen Ende des vor. Jahrh. eine wichtige Reform des Bundes. Sie verwarfen die 1717 von der Londoner Großloge bewirkten Reformen, führten die alten Symbole und Formen auf diejenigen zurück, die früher in England und Schottland in Gebrauch waren, erklärten die sog. „alten Pflichten" als die Grundlage des ganzen Bundes und richteten eine repräsentative Verfassung ein. Schröder verwarf indessen alle höheren Grade, während Feßler sie bestehen ließ. Durch diese Verschiedenheit in der Form unterschieden sich die beiden Systeme, die nach dem Namen ihrer Urheber benannt wurden, aber gemeinschaftlich die Benennung des „altenglischen Systems" erhielten. Die Großloge „Royal York zur Freundschaft" zu Berlin ist auf Feßler's Veranlassung gegründet.

Andere Verbindungen von Freimaurern, wie der Orden vom Rosenkreuz, der Illuminaten u. A., die eine Zeitlang auf einzelne Logen Einfluß übten, gingen durch die geläuterten Ansichten, welche der „eklektische Bund" und das altenglische System verbreiteten, allmählich unter.

Die verschiedenen Systeme (worüber auch §. 74 zu sehen) erschüttern nicht das eigentliche Wesen der Freimaurerei; sie drehen sich heute nur um mehr oder weniger unwesentliche Formen und verhindern nicht, daß die Brüder sich in jeder Loge, zu welchem System sie sich auch bekennen, gleich heimisch fühlen. (S. auch §. 75.)

Sechster Abschnitt.

Unsere Zeit.

I. Die Bildungskämpfe seit Ende des vorigen Jahrhunderts.

> Die Verheißung des Christenthums als Weltreligion wird in Erfüllung gehen, sobald dasselbe von den Fesseln der Hierarchie und des Aberglaubens völlig befreit ist. Wenn dann die Liebe, welche die Duldung jeder Anschauungsweise, so lange sie den sittlichen Boden nicht verlassen will, von uns fordert, als das Wesen ächter Bildung alle Klassen der Gesellschaft gleichmäßig durchdrungen hat, wird sich die Menschheit dem Ziele ihrer Aufgabe nahen, wandelnd, vom Wahne erlöst, im Lichte der Wissenschaft, die sie geboren, und gehoben vom Selbstbewußtsein, das sie errungen hat.
>
> Burmeister, am Schluß seiner „Geschichte der Schöpfung."

§. 69. Während sich Homann, Jocobi u. A. gegen den Rationalismus erhoben und Lavater ein Mischsystem von Rationalismus und Mystizismus geltend machte, schwärmte man für das romantische Mittelalter und den Katholizismus (Stollberg's Uebertritt). Aber durch Lessing, Goethe Schiller u. A. wurde ein Umschwung des Geistes in der poetischen Literatur geltend gemacht, der bald die übrigen Gebiete des Geisteslebens ergriff.

§. 70. Der Philosoph Spinoza — von dem selbst sein Gegner Jacobi sagt, „daß Gottes Wahrheit in seiner Seele und Gottes Liebe in seinem Leben war" — sprach es aus: „daß zur Seligkeit es nicht allerwege nöthig sei, Christum nach dem Fleisch zu kennen; aber mit jenem ewigen Sohne Gottes, nämlich der göttlichen Weisheit, die in allen Dingen, besonders im menschlichen Gemüth, zur Erscheinung kommen, und in ausgezeichneter Weise durch Jesus Christus zur Erscheinung gekommen sei, verhalte es sich anders: ohne diese könne allerdings Niemand zur Seligkeit gelangen, weil sie allein lehre, was wahr und falsch, gut und böse sei." — Eben so unterschied auch Kant von der geschichtlichen Person Jesu das in der menschlichen Vernunft liegende Ideal der gottwohlgefälligen Menschheit. — In Schelling und Hegel erhielt die Leibnitz'sche Philosophie (§. 60) ihre weitere Entwickelung u. s. w.

§. 71. Die Theologie suchte sich aus ihrer falschen Stellung zur Bibel zu retten. Nachdem Heß, Herder, Paulus u. A. das Leben Jesu verschiedenartig bearbeitet hatten, suchte Schleiermacher — einer der größten Theologen — zwischen Theologie und Philosophie einen Vergleich zu vermitteln. Er übte (1810—1834) einen umgestaltenden Einfluß auf die protestantische Theologie aus. Von der Toleranzidee ausgehend, sagt er: „die Kirche, wie sie bei uns besteht, wird Allen um so gleichgiltiger, je mehr sie zunehmen in der Religion, und die Frömmsten sondern sich stolz und kalt von ihr aus. Man ist in dieser Verbindung, weil man religiös zu werden erst sucht, man verharrt darin nur, sofern man es noch nicht ist." Ueber die drei ersten Evangelien dachte Schleiermacher sehr frei; er erkennt den unhistorischen Charakter ihrer Berichte an und weist namentlich die vaterlose Erzeugung Jesu zurück. Die Auferstehungsgeschichte sucht er natürlich zu erklären u. s. w. H. Lang, der in seinem „Gang durch die christl. Welt" S. 207 ff. die Theologie Schleiermachers einer Kritik unterzieht, leitet von derselben den Beginn der kirchlichen Reaktion, die eine immer schärfere Kritik des N. T. hervorrief. So erschien das „Leben Jesu" von Strauß, der die ganze geschichtliche Grundlage der christlichen Kirche in einen mythischen Nebel verflüchtigte. Dagegen entstanden andere Bearbeitungen des Lebens Jesu von Neander, Ebrard, Weiße u. A., die theils reagiren, theils zu vermitteln suchen. Im Jahr 1863 erschien das „Leben Jesu" von Renan, welches so ungemeines Aufsehen macht. „Der Verfasser hat" — wie Edm. Scherer sagt — „Christus über der Religion gesucht, die seinen Namen trägt, das Evangelium unter den Fundamenten der Kirche, die sich zu seiner Ehre erhoben hat." Coquerel d. J. dagegen nennt Renan's Buch „ein Meisterstück der hypothetischen Methode."

§. 72. Nachdem wir im §. 17 über die Entstehungsgeschichte des A. T. und §§. 25 und 26 über die des N. T. und endlich §. 64 über den Wunderbegriff schon Einiges gesagt, erscheint es nicht erforderlich, den Verheerungszügen weiter zu folgen, welche die historische Kritik durch das Gebiet der Bibel gemacht hat und deren Resultat H. Lang in dem Satz ausspricht: „daß wir im A. und N. T. kein einziges Buch besitzen, das im strengen Sinn als Geschichtsurkunde zu betrachten." — Ob die Theologie durch die biblische Kritik gewonnen, ob die Kirche durch sie verloren hat, das sind Fragen, die Jeder nach seinem Standpunkt beantworten wird. Gewiß ist, daß der Widerspruch, in den die Restaurationstheologen sich mit dem Geiste der Zeit setzten, die schärferen Bibelkritiken hervorgerufen und daß den Ausschweifungen, welche sich die Wissenschaft dabei zu Schulden kommen ließ, es zuzuschreiben ist, daß die Reaktion erstarkte, indem der größte Theil derjenigen, denen die Kirche am Herzen lag, sich von der ungläubigen Kritik abwandte.

§. 73. Hierdurch wurden die religiösen Kämpfe und Parteiungen unserer Zeit immer heftiger. Die in Preußen durch die Vereinigung der beiden protest. Confessionen erstrebte Einheit der Staatskirche war nicht von Bestand, sie zerfiel in 2 Hauptsekten: Pietisten (§. 52) und Rationalisten (§. 63). Zu einer kindisch-läppischen Ausartung der ersteren gehörten die Mucker, die ein System des abscheulichsten Durcheinander von Laster und Frömmelei angenommen hatten. — Während ein ultramontaner Terrorismus den Neukatholizismus erzeugte, trieb eine protestantische Machtpartei zu der Gesellschaft der Lichtfreunde (1841). Die Gegenpartei stiftete in Halle den kirchlichen Centralverein und in Berlin den Verein des historischen Christus. Die auseinander gesprengten Lichtfreunde sammelten sich wieder und bildeten in Königsberg eine freie Gemeinde, die jedes dogmatische System verwirft und ihren Mitgliedern unbedingte Glaubensfreiheit gestattet, u. s. w. — 1848 fand zu Würzburg eine Versammlung deutscher

Bischöfe statt, die der Kirche nicht wenig vindizirten, indem sie dem Staate eben nur das Aeußerliche des Lebens, die äußerliche Ordnung ließen, aber deren sittliche Grundlage für die Kirche beanspruchten. — Zu einer besonderen Macht ist der Neulutherianismus herangewachsen, dessen äußerste Richtung den Katholizismus anstrebt und der so wie sein Gegenbild, der Materialismus, auf der Läugnung des Geistes, als eines selbstthätigen schöpferischen Prinzips, beruht.

Während der Ultramontanismus indessen sich hauptsächlich auf die Massen stützt, hat die protest. Orthodoxie auch diese nicht hinter sich. Daher nun von beiden Seiten die Polemik gegen den Freimaurerorden, die zuerst von Goerres erhoben wurde, der denselben als einen „Abfall vom Christenthum" bezeichnete. Bald darauf wurden katholische Geistliche zu Mainz, die zur dortigen Loge gehörten, genöthigt, aus der „verdammten Verbrüderung für Humanität" auszuscheiden. Ein ähnliches Gebot erging an die protest. Geistlichen der Proviuz Sachsen, blieb aber unbefolgt.

Es ist allerdings wahr, daß in Belgien sich Alles, was dem ultramontanen System den Boden streitig zu machen sucht, dem Freimaurerorden anschließt, weil sie sich dahin gedrängt fühlen, wo der Grundsatz der Humanität (s. §. 66) Geltung hat und wo Wahrheit und Gerechtigkeit in der Liebe die Regel für Urtheil und Handlungsweise bildet; es ist aber nicht minder wahr, daß nicht die Logen, als solche, Partei nehmen können (§. 2), ohne das alte Ordenssystem von Grund aus zu erschüttern. Hätten sich die belgischen Logen dieser Parteinahme schuldig gemacht, dann würden die schweren Folgen für sie nicht ausgeblieben sein, die der Orden darauf eintreten läßt. — Wenn vollends die protest. Reaktion den schlechten Besuch ihrer Kirchen als eine Folge der Freimaurerei darzustellen sucht, so muß dies jedem Freimaurer, zu welcher religiösen Ansicht er sich auch bekennen mag, als höchst abgeschmackt erscheinen. Wohl mag die Unkirchlichkeit unserer Zeit — jedoch ohne Verschulden des Maurerthums — in der Trägheit des menschlichen Herzens, Gott zu suchen und Gott zu dienen, in einem, vom Heiligen abgewandten Weltsinn und in der Selbstgerechtigkeit ihren Grund haben; wenn die Restaurationstheologen dagegen ihrerseits nur den Glauben pflegten, der in der Liebe, und nicht im Hasse thätig ist, wenn sie, statt des leichteren und lohnenderen Geschäftes des Segnens und Verfluchens, sich des schwereren und undankbaren des Belehrens unterzögen, dann würden auch die Gebildeten überhaupt eine religiöse Befriedigung in der Kirche wieder finden, wo sie jetzt häufig, statt erbaut zu werden, ihr Inneres nur verletzt und herabgedrückt fühlen.

Strauß sagt in der Vorrede zu s. „Leben Jesu für das deutsche Volk" (1864): „Ich fasse das deutsche Volk als das Volk der Reformation, diese aber denke ich mir nicht als ein fertiges, sondern als ein Werk, das fortgesetzt sein will. Zu einer solchen Fortsetzung der Reformation drängen gerade im gegenwärtigen Augenblick die Bildungsverhältnisse eben so unabweisbar hin, als sie vor viertehalbhundert Jahren zum Beginn derselben gedrängt haben. Auch wir leben in einer Krisis, die das Peinliche hat, daß uns wie den damals Lebenden ein Theil des geltenden Christenthums eben so unerträglich geworden, als ein anderer unentbehrlich geblieben ist ꝛc." (S. auch §. 5.)

II. Die Freimaurerei unserer Zeit.

§. 74. Der Maurerbund, bestimmt, alle Menschen der weiten Erde, trotz der verschiedenen Nationalitäten, Sitten, Gebräuche und religiösen Formen, in ein Brudervolk zu vereinigen, Gleichheit, Freiheit und Bruderliebe zu fördern, ist leider in den Stämmen ein und desselben Volkes nach maurerisch-confessionellen Meinungen und Richtungen, ja auch selbst hie und da nach den zufälligen Grenzen einzelner Staaten geschieden, und so bestehen in unserm deutschen Vaterlande neun verschiedene Systeme (§. 68): in Berlin 3 Großlogen, in Hamburg, Hannover, Dresden, Frankfurt a. M., Baireuth und Darmstadt je eine. — In Italien hat die Maurerei eine große Verbreitung; in der Schweiz sind unter der Großloge in Zürich die Schweizer Logen vereinigt, die in den Kantonen des ehemaligen Sonderbundes, so viel bekannt, noch nicht eingerichtet sind; in Schweden und Dänemark besteht die Maurerei unverändert; in Großbritannien steht sie in hoher Blüthe; in der französischen Maurerei bestehen noch Hochgrade, wornach sich aber der Geschmack (mit Recht) zu verlieren scheint. Französisch-maurerische Systeme zählt man sechs; es wird aber eine Reorganisation der französischen Maurerei und damit eine Annäherung an das deutsche System des eklektischen Bundes erstrebt. In Belgien und Luxemburg haben die

Logen gegen ultramontane Einflüsse zu kämpfen, die am stärksten in Spanien hervortreten und den Brüdern Vorsicht gebieten, in deren Folge hier die Logen nur im Stillen und pseudonym bestehen. Der Groß-Orient von Brasilien, mit etwa 80 Logen und 33 Graden, erklärt als Hauptzweck: Erleuchtung des Menschengeschlechtes, und als Gegenstand: Verbreitung allgemeiner Moral, der Wissenschaft und Künste, Ausübung der Wohlthätigkeit, geselliger, religiöser und häuslicher Tugenden. In der Türkei und in Asien bestehen ebenfalls Logen. Ueberhaupt finden wir sie überall, wo die Civilisation ihre segensreichen Schwingen ausbreitet oder wo die Kultur auch nur beginnt; nur von Oesterreich und Kurhessen sind sie ausgeschlossen. (Näheres s. „Asträa" für 1849 S. 241 ff.)

§. 75. Obschon die Maurerei keineswegs ausschließliches Eigenthum der Europäer oder Christen ist, indem wir fast alle Menschenracen, die Bekenner aller Glaubensarten und Formen in diesem versöhnenden und Alle gleichstellenden Menschheitsbund aufgenommen sehen; obschon auch alle maurerischen Systeme darin übereinstimmen, daß der Grundbegriff der Freimaurerei das Reinmenschliche sei, so herrscht doch darüber eine Verschiedenheit der Ansichten, worin das Reinmenschliche bestehe, und inwiefern das religiös-christliche Element zur Erzielung desselben unumgänglich nothwendig sei.

In Großbritannien, Amerika, Holland, Belgien, Frankreich, so wie in einigen Großlogen Deutschlands wird nur die monotheistische Religion überhaupt als Basis des Freimaurerbundes verlangt, und auch Juben der Eintritt gestattet. In Dänemark dagegen, in Schweden, Preußen ꝛc. wird die Freimaurerei als ein ausschließlich christliches Institut betrachtet.

In der „Asträa" für 1846/47, S. 192 ff. befindet sich eine Abhandlung über das deutsche Maurerleben, die wir zu diesem Paragraphen benutzten und aus welcher wir einige der verschiedenen Ansichten für und gegen die Beibehaltung des ausschließlich christlichen Prinzips hier folgen lassen.

A. Stimmen gegen die Beibehaltung des ausschließlich christlichen Prinzips und für die Aufnahme von Nichtchristen.

1) Der Bund solle, als ein religiös-sittlich-weltbürgerliches Institut — erhaben über allen Sektengeist — die besseren, edleren Menschen ohne Unterschied des Standes, der Herkunft und Konfession, als Brüder, als Kinder eines allliebenden Vaters verbinden.

2) Jeder Versuch, irgend ein kirchlich-positives Christenthum in der Loge einzuführen und damit dieselbe aus der Sphäre der reinen und ewig wahren Humanität herauszudrängen, sei verwerflich. Die Maurerei sei ein Institut, das selbstständig alle jene Spaltungen zur Nichtexistenz bringen soll, die in den verschiedenen Religionskulten ꝛc. ihren Ursprung haben.

3) Wir wollen keinen christlichen Orden, denn wir wollen und wir können uns nicht anmaßen, die christliche Kirche zu vertreten.

4) Die Maurerei ist das unsterbliche Symbol jener ächt-christlichen Bruderliebe, die über den Schranken selbst

christlicher Glaubensmeinungen stehend, den Orden immer in gleicher Höhe edlen Strebens und würdigen Ringens erhält.

5) Die Freimaurerei ist nach dem Willen ihrer weisen Stifter ein Asyl, worin das reine Urverhältniß veredelter Menschheit hergestellt werden soll, worin aller Haber, den die verschiedenen Nationalitäten, positiven Religionsarten, Stand und Rangverhältnisse in der Menschheit hervorrufen, verschwinden soll, worin der Mensch nur den Menschen, den Mitbruder liebt, und nichts haßt, als das Laster, die Lüge und den Trug. Deshalb dürfen sich ihre Jünger eben so wenig für ein ausschließlich religiöses als für ein ausschließlich nationales oder gar politisches Institut erklären. — Als ein ausschließlich religiöses Institut würde die Maurerei neben Kirche und Schule nicht nur überflüssig sein, sondern auch bald in die unangenehmsten Verhältnisse kommen. — Dem Allen entgeht sie, wenn sie sich für einen Menschheitsbund erklärt, für einen religiös-sittlich-kosmopolitischen Bund, worin Sittlichkeit, Humanität und liebevolles Umfassen der ganzen Menschheit erstrebt wird, während jeder Einzelne darin seinem kirchlichen Glauben treu bleibt und treu bleiben muß. Zwar muß sie anerkennen, daß Christus das Reinmenschliche, das Göttliche im Menschen, in seinem Evangelium am umfassendsten gelehrt und in seinem Leben und Streben am vollkommensten dargestellt hat; aber dies kann sie auf ihrem Standpunkt nicht berechtigen, die christliche Religion als die ausschließliche zu proklamiren, und das Göttliche, was

auch andere Religionen haben, wegzuläugnen und deren Bekenner unbedingt von sich zu stoßen.

B. **Stimmen für Beibehaltung des ausschließlich christlichen Grundprinzips.**

1) Die möglichst vollkommene sittliche Ausbildung des Menschen kann nur da erreicht werden, wo die religiösen Ideen selbst am reinsten und erhabensten vorliegen. Dies ist unstreitig der Fall in der christlichen Religion; deshalb sind wir zu der Schlußfolge genöthigt, daß das Christenthum wesentlich geeignet sei, die sittliche Ausbildung des Menschen zu befördern und wahre Maurer zu bilden.

2) Das innere Geheimniß ist das Stabile im Orden, das Unveränderliche, es ist das an sich Gute, das Reinmenschliche, wurzelnd im Christenthum, welches uns den köstlichsten der Begriffe, „des Allvaters der Liebe" gibt. Das aus dieser Wurzel heraus entwickelte ewig Gute bleibt unser Schutz und unser Hort, unsere unveränderliche Aufgabe. Ohne Christenthum keine Freimaurerei; mit ihm aber immer.

3) Auch auf dem Gebiete der Maurerei spricht man vom Fortschreiten mit der Zeit. Wir haben nichts dagegen, sondern erklären uns vollkommen damit einverstanden, wenn mit diesem Fortschreiten eine immer zunehmende Vergeistigung der Formen und Gebräuche ꝛc. zu verstehen ist. Heißt das Fortschreiten aber die Hinwegnahme der, der Maurerei zu Grunde liegenden Ideen, Ideen, die des Menschen höchste und theuerste geistige Interessen berühren, Ideen, die in ihrer Reinheit und

Erhabenheit uns von dem göttlichen Meister offenbart worden sind; — ist Fortschreiten, um es mit einem Worte zu sagen, dahin gerichtet, das Christenthum nicht mehr als die Grundlage der Maurerei zu betrachten, so können wir uns damit nicht einverstanden erklären.

§. 76. Ueber die Aufgabe der Maurerei in unsrer Zeit könnten wir aus maur. Schriften eine lange Reihe von maur. Kundgebungen mittheilen, um die Christlichkeit und Kirchlichkeit der Maurerei darzuthun; wir begnügen uns mit dem Schluß einer Ansprache aus der „Asträa" für 1846/47, S. 221 ff.:

„Unsere Zeit hat hinsichtlich ihrer religiösen und kirchlichen Zustände ein eigenthümliches Angesicht. Auf der einen Seite sucht sie immer anmaßlicher die alte Glaubens- und Gewissenstyrannei wieder geltend zu machen; auf der andern regt sich ein freier Geist, der entschieden jene mittelalterliche Geistessklaverei zurückweist, und sogar geneigt sein dürfte, über durchaus nothwendige Schranken hinweg zu gehen. Hier begegnen wir dem strengsten Festhalten an den Satzungen des Reformationsjahrhunderts, dort untergräbt man beharrlich den geschichtlichen Grund und Boden, in dem das Christenthum wurzelt. Hier erblicken wir hohe Begeisterung für Religion und Kirche, dort den schimpflichsten Stumpfsinn und entschiedene Abneigung gegen Alles, was den Glauben angeht. — Ja, groß ist die Zahl derer, welche wähnen, daß es auf den Glauben gar nicht ankomme, und nur Grundsatz sein müsse: „Thue recht, und scheue Niemand." Es ist dies ein beklagenswerther Irrthum; — denn, zu jenem Grundsatze gehört, wenn er nicht zu gefährlichen Verirrungen führen soll, unbedingt das „fürchte Gott!" — Alle Sittlichkeit des Menschen muß im Glauben wurzeln, und in diesem Nahrung und Stärke gewinnen. Aber, so höre ich fragen, was geht das uns Maurer an? Die Maurerei hat und soll ja, wie mit Politik, so auch mit Religion und Kirche nichts zu schaffen haben! Wenn das heißen soll, in unsern Logen sollen weder Lehrsätze der Kirche verhandelt, noch auch die Menschen nach ihrem kirchlichen Glauben gewürdigt werden, dann sind wir einverstanden. Soll aber damit gesagt sein, der Maurer habe sich um Religion und Kirche nicht zu kümmern, er stehe wohl gar über beiden erhaben da, dann muß jenes Wort, als ein Wort, das dem Geiste der Maurerei Hohn spricht, bestimmt verneint werden. Alle Glieder des Maurerbundes müssen des Glaubens Segnungen hochschätzen, und durch ihr Leben bethätigen, daß auch ihnen die Welt des Unvergänglichen heilig sei. Lassen Sie uns immerhin als tüchtige Bauleute nach vollendeter Sittlichkeit streben. Dabei aber beseele uns ein am Himmelslicht des Christenthums genährter Glaube, der allein unsere Tugend weiht, schirmt und vollendet. Dann sichern wir unsern Bund vor jenem schlimmen, einzelnen Mitgliedern desselben nur zu oft gemachten Vorwurf der Freigeisterei; dann gehen wir mit festem Schritt durch die religiösen Wirren der Gegenwart, indem wir in unsern Herzen einen sichern Leitstern tragen."

§. 77. Ueber das Geheimniß des Ordens, das in unserer Zeit, welche Oeffentlichkeit verlangt, Vielen anstößig und verdächtig erscheint, wird so viel gefabelt, daß über den Ursprung, den Zweck und die Ausdehnung desselben hier etwas mitzutheilen bleibt.

Die Nothwendigkeit der Verschwiegenheit der mittelalterlichen Baukorporation, mit denen die heutige Freimaurerei unmittelbar oder mittelbar historisch zusammenhängt, ist im §. 45 schon angegeben und ist darin der Ursprung des manr. Geheimnisses zu suchen. — Im vorigen Jahrhundert, wo der Orden auf Abwege gerieth (§. 67), meinte man noch, daß derselbe Geheimnisse bewahre, welche die Geweihten zu tieferer Erkenntniß und erhabenerer Würde gelangen ließen, was in unsern Tagen zu behaupten lächerlich wäre (§. 8). Die maurer. Versammlungen haben aber den Zweck, daß die Brüder sich darin in gegenseitiger Liebe und Eintracht stärken, sich läutern und veredlen sollen. Hierdurch wird es erforderlich, in dem Geheimniß einen Damm aufzurichten, der den anstürmenden Wogen des gemeinen Lebens wehrt, in die Logen störend einzudringen, wo der Mensch dem Menschen ohne die künstliche Verhüllung einer lügenhaften Konvenienz entgegentreten, das Herz dem Herzen sich warm und offen anschließen soll. Wie ist aber eine solche unbedingte Hingabe möglich ohne unbedingtes Vertrauen, und wie dieses hinwiederum ohne Geheimniß und Verschwiegenheit? — Neben diesem vornehmsten Zweck des maurer. Geheimnisses hat dasselbe auch die Formen und Symbole zu decken, deren sich die Maurerei zur Einkleidung ihres inneren Gehalts bedient, weil ihr Bekanntwerden das äußere Band zerstören würde, durch welches die über den ganzen Erdball zerstreuten Genossen des Bundes sich erkennen. — Daß die Maurerei zur Aneignung der Kunst führen solle, gut zu werden und nach Vollendung unseres inneren Menschen zu streben, ohne die Hoffnung auf Lohn oder Furcht vor Strafe, braucht nicht verhehlt zu werden. Ein Räthsel bleibe es aber immerhin dem Nichtmaurer, wie dieser Zweck auf Männer, verschieden an Stand wie an Bildung und Lebensanschauung, eine solche Gewalt auszuüben vermöge, daß sie sich in ihm eins fühlen, um in ungestörtem Einklang den Weg durchs Erdendasein neben einander und für einander zu wandeln. Dann wird man auch wider Willen zu der Einsicht kommen, daß die Maurerei kein Geheimniß besitze, sondern selbst eins sei. (Ausz. aus der „Asträa" für 1858, S. 159 ff.)

§. 78. Ein Theil der Widersacher des Maurerthums haßt und verfolgt dasselbe an und für sich, ungeachtet diesen Gegnern durch ihre Werkzeuge wohl bekannt ist, was im Geheimnisse der Loge lebt und bewegt und daß dieses das Auge Gottes nicht zu scheuen hat. Ihnen sind alle Mittel gerecht, wenn sie nur wirksam erscheinen, das verhaßte Institut der Maurerei zu zerstören. — Ein anderer Theil der Widersacher glaubt, daß das Maurerthum dem Christenthum, dem Worte Gottes entfremde (s. §. 8), und fühlt sich in seinem Gewissen gedrungen, einem solchen Wirken entgegenzutreten. Sie sind im Irrthum und es trifft sie mit Recht der Vorwurf, daß sie ohne vorgängige durchgreifende Prüfung und ohne erlangte rechte Erkenntniß ein verwerfendes und liebloses Urtheil fällen, ihrem guten Glauben aber, sofern sich nicht auch hier Anderes einmischt, kann Achtung nicht versagt werden. Das Christenthum selbst ist, trotz seines göttlichen Stifters, Jahrhunderte hindurch in ganz gleicher Lage gewesen, wie jetzt die Freimaurerei. So wie jenes aber in seinem reinen, heiligen Wesen niemals und zu keiner Zeit die Feindschaft seiner Verfolger verschuldet hat, so ist dies auch vom Maurerthum, dem wahren reinen Maurerthum, niemals geschehen. Wie dieses den Glauben an Gott und an unsern Heiland, den seligmachenden Glauben, heilig zu halten, und damit die Seele ganz zu erfüllen lehrt und gebietet und diesen Glauben über Alles stellt, was dem Menschengeiste auf Erden durch Gottes Gnade und durch eigene Kraft zu Theil werden kann, dies kann keinem wahrhaften Maurer unbekannt sein. Das Maurerthum will aber auch und lehrt und wirkt, daß dieser Glaube ein lauterer, ächter, vom Fanatismus freier sei; daß in seinem Lichte das Licht der menschlichen Vernunft, das ja auch von Gott ist, nicht seinen Untergang, sondern seine Ergänzung und Vollendung findet.

Wie wir mit Absicht zu den §§. dieses ganzen Kapitels uns maurerischer Schriften bedienten, so ist dieser §. aus der Asträa für 1857 S. 166 ff. ausgezogen; indem wir aber auch auf die §§. 2, 3 und 75 zurückweisen, bemerken wir doch, daß die Möglichkeit des Glaubens von unserer ganzen geistigen Organisation abhängt und daß dessen Schwierigkeit nur zu leicht zur Heuchelei führt. Das Maurerthum kann daher, nach unserer Meinung, nicht sowohl von dem Glauben, als vielmehr von der Liebe das Wesen der Religion abhängig machen (s. §. 25), auch der Apostel Paulus sagt ja: „Hätte ich allen Glauben und hätte die Liebe nicht, so wäre ich nichts!" Der absolute Glaube ist ja auch unvereinbar mit der Wahrhaftigkeit der Geschichte; die Liebe ist aber auch ohne den Glauben möglich.

Schluss.

Wir wissen es nicht, inwiefern wir durch die mitgetheilten historischen Fragmente den im §. 4 ausgesprochenen Zweck erreichen; aber man wird daraus erkennen, daß die religiösen Bildungskämpfe unseres Jahrhunderts eine Folge des Widerspruchs sind, in welchem die kirchlichen Vorstellungen vom Christenthum und seinem Stifter mit den Ergebnissen der Geschichtsforschungen stehen, die man zur praktischen Anwendung bringen will, während die Reaktion durch den engherzigen Partikularismus der Dogmen und Confessionen die alten Vorstellungen festzuhalten sucht. Indem ihre Theologen die eigene Ueberzeugung für unfehlbar halten und sich so gleichsam mit Gott identifiziren, bekämpfen sie mit jedem zweckdienlich erachteten Mittel andere Ueberzeugungen und im Maurerthum einen Waffenbruder ihrer Gegner. Allerdings mag wohl die Mehrzahl der Freimaurer, wie der Gebildeten überhaupt, in den Reihen derer stehen, die sich Allem entgegenstellen, was unfreisinnig ist, Allem, was die religiöse Wahrheit durch Veräußerlichkeit entstellt; aber wir glauben genugsam dargethan zu haben, daß das Maurerthum, als Gesellschaft, sich nicht in die kirchlichen Wirren mischt, vielmehr friedlich neben der Kirche bestehen will. Der Kampf gegen dasselbe ist also nur ein Kampf gegen Windmühlen und eben so nutzlos, als es der Kampf gegen die geistige Welt überhaupt ist, die unterdessen unbeirrt, — wie Scherer sagt, — „fortfährt ihre Kurven zu beschreiben. Es giebt keinen so starrsinnigen Geist, der nicht, auch widerwillig, dem allgemeinen Strome folgt. Die Einflüsse drängen sich unvermerkt zu, die Fragen verrücken sich, die Antworten erweitern sich, die Gesichtskreise dehnen sich aus, die Umgebungen wechseln, Alles wird von einer unwiderstehlichen Umgestaltung fortgetragen." Mag die Reaktion die ungläubige Vernunft und die ungläubige Wissenschaft verdammen; diese werden fortfahren zu thun, was ihr Recht und ihre Pflicht ist, und der Welt die Ueberzeugung verschaffen, daß die Seligkeit der Menschen nicht von dem Glauben an Dinge abhängt, von denen zum Theil gewiß ist, daß sie nicht geschehen sind, zum Theil ungewiß, ob sie geschehen sind, sondern von dem Leben, das Christus in der Seele weckt.

Druckfehler.
S. 89 Z. 7 v. u. lies: Vorsehung statt: Versicherung.

Neue freimaurerische Schriften
aus dem Verlage von
Fr. Aug. Eupel in Sondershausen.

Asträa.

Taschenbuch für Freimaurer
auf
das Jahr 1865.
16. geh. Preis 1 Thlr.

Eutharaas.

Briefe über die innere Reform
des
Freimaurerbundes.

Von

W. Mejer,

Ehrenmeister der g. u. v. Loge Hercynia im Or. v. Goslar,
Ehrenmitglied mehrerer Logen.

8. geh. Preis 27 Sgr.

Die Fürsten Deutschlands
in ihren Beziehungen zum Freimaurerbund.

Von

Br. Aug. Wilh. Müller.

8. geh. Preis 6 Sgr.